Oliver Held

ChatGPT im Geschichtsunterricht

WOCHEN
SCHAU
GESCHICHTE

Bibliografische Information der Deutschen Nationalbibliothek
Die Deutsche Nationalbibliothek verzeichnet diese Publikation in der Deutschen Nationalbibliografie; detaillierte bibliografische Daten sind im Internet über http://dnb.d-nb.de abrufbar.

Alle Downloadmaterialien zu diesem Buch finden Sie unter:
https://www.wochenschau-verlag.de/ChatGPT-im-Geschichtsunterricht/41603
Bitte wählen Sie dort den Reiter „Downloads“ an.
Das Passwort zum Öffnen der Dokumente lautet: XaWTNqys

www.wochenschau-verlag.de

Titelgestaltung: Ohl Design
Titelbild: © Deemerwha/stock.adobe.com
Gesamtherstellung: Wochenschau Verlag
Gedruckt auf chlorfrei gebleichtem Papier
ISBN 978-3-7344-1603-3
E-Book ISBN 978-3-7566-1603-9 (PDF)
DOI https://doi.org/10.46499/2269

Inhalt

Oliver Held

Einleitung

Stellen Sie sich vor, Sie betreten einen Geschichtsunterricht, in dem Schülerinnen und Schüler nicht nur passiv zuhören, sondern aktiv in den Dialog mit historischen Persönlichkeiten treten können. Sie debattieren mit Bismarck über die Reichsgründung, erkunden die Hintergründe der Französischen Revolution mit Robespierre oder diskutieren mit Historikern über die Revolution 1848. Mit Künstlichen Intelligenzen (KI) wie ChatGPT können solche Begegnungen simuliert werden. Dieses Buch zielt darauf ab, Lehrkräfte dabei zu unterstützen, die Nutzung von KI im Unterricht wissenschaftlich, gewinnbringend und verantwortungsvoll zu gestalten. Es muss eine zentrale Aufgabe des schulischen Unterrichts sein, die Lernenden zu einem kompetenten, d. h. medienkritischen und reflektierten Umgang mit KI unter Beachtung der Datenschutzgrundlagen zu befähigen. Vor allem das Fach Geschichte, dessen Grundlage die quellenkritische Arbeit ist, muss in diesem Zusammenhang Verantwortung übernehmen und Lernenden vermitteln, dass KIs wie ChatGPT ein mächtiges, aber – aufgrund veralteter, falscher, missverständlicher, unvollständiger oder intransparenter Informationen – auch gefährliches Hilfsmittel sind. Erste hilfreiche Überlegungen und Anregungen, wie dies gelingen kann, wurden bereits von Seiten der Geschichtsdidaktik angestellt (Burkhardt/Neubert 2024).

Das vorliegende Buch ist als „Doppeldecker" konzipiert: Es enthält praxisbereite Kopiervorlagen für klassische Themen des Geschichtsunterrichts (siehe Tabelle S. 7), mit denen ChatGPT oder von der KI generierte Materialien unmittelbar im Unterricht erprobt werden können. Begleitend dazu steht eine tabellarische Übersicht mit einer methodisch-didaktischen Einordnung sowie anwendungsbezogenen Ratschlägen und Konstruktionshinweisen zur eigenständigen Nutzung der KI. Diese Hinweise sollen Sie dazu ermutigen und anleiten, die KI eigenständig zur Unterrichtsvorbereitung oder auch mit den Lernenden gemeinsam im Unterricht zu nutzen. Aufgrund der vielfältigen Einsatzmöglichkeiten gibt der „Kompetenzschwerpunkt" nur eine erste mögliche Orientierung vor. Der „Schwierigkeitsgrad" bezieht sich auf den erforderlichen Vorbereitungsaufwand für die Lehrperson, d.h. den Komplexitätsgrad bei der Bedienung der KI, die Kontrolle der Ergebnisse sowie den Überarbeitungsbedarf. Zudem sind auch die ursprünglichen Eingaben („Prompts") wiedergegeben, die zur Generierung des für die Unterrichtspraxis geeigneten Anschauungsmaterials verwendet wurden. Eine detaillierte Erörterung der technischen Grundlagen von KI-Systemen oder der überfachlichen Möglichkeiten würde den Umfang dieses Buches überschreiten, entsprechende Hinweise finden sich z.B. bei Kaufmann/Ebinger, ausführliche Hinweise zum Datenschutz im schulischen Kontext z.B. bei Thiede.

Obgleich eine Vielzahl an KIs existiert, wurde für dieses Buch stets ChatGPT in der Version 4.0 von OpenAI verwendet. Die Version 3.5 ist kostenlos zugänglich (Stand November 2023). Diese einheitliche Vorgehensweise dient dazu, eine möglichst einfache Nachvollziehbarkeit und damit Umsetzung eigener Unterrichtsideen zu ermöglichen. Für zusätzliche rechtliche und didaktische Informationen zu ChatGPT sei an dieser Stelle auf den Leitfaden des Landes NRW hingewiesen.

Was ist bei der Nutzung zu beachten?

1. Die Qualität der Ergebnisse hängt von der Qualität der Aufforderungen ab: Die besten Ergebnisse werden erzielt, wenn ChatGPT statt vagen Fragen präzise Anweisungen erhält.
2. Korrekturmöglichkeiten nutzen: Lehrkräfte können den Input jederzeit korrigieren oder verfeinern, um die gewünschte Antwort zu erhalten. Dabei bleiben vorherige Antworten erhalten und können weiterhin verwendet werden.
3. Immer neu beginnen: Es ist wichtig, zu wissen, dass ChatGPT den bisherigen Chatverlauf als Referenz verwendet. Das kann den weiteren Verlauf beeinflussen und unter Umständen zu unbrauchbaren Ergebnissen führen. Daher ist es ratsam, bei Bedarf einen neuen Chatverlauf zu beginnen.
4. Ergebnisse optimieren: Das erste Ergebnis mag annehmbar sein, aber oft lässt sich die Antwort weiter optimieren. Probieren Sie verschiedene Ansätze aus und lassen Sie die KI mehrere Antworten generieren, um bessere Ergebnisse zu erzielen. Oftmals sind Antworten qualitativ hochwertiger, wenn einzelne Schritte nacheinander abgearbeitet werden.
5. Flexibilität: Verben (Formuliere, generiere, entwickle usw.), Texttyp, Argumenttyp, Zeit, Perspektive, Betrachtungsebene, Zahlen, Textlänge usw. sind Variablen und können in den Prompts bei Bedarf ausgetauscht oder angepasst werden. Das ermöglicht es Lehrkräften, Art, Umfang und Tiefe der gewünschten Informationen zu steuern.
6. Kritisch sein: Bringen Sie Ihren Lernenden bei, die Antworten von ChatGPT kritisch zu hinterfragen und weitere Quellen zu Rate zu ziehen, um sicherzustellen, dass die Informationen korrekt und aktuell sind.

Welche Risiken und Chancen gibt es?

Die Nutzung von KI kann erheblich dazu beitragen, Lernenden komplexe Zusammenhänge besser verständlich zu machen und ihr Interesse am Fach zu steigern. Gleichzeitig ist es wichtig, sich der potenziellen Gefahren bewusst zu sein, die durch die Verwendung von KI entstehen können. Die nachfolgenden Akronyme KÜNSTLICHE/INTELLIGENZ veranschaulichen ohne Anspruch auf Vollständigkeit die möglichen Risiken und Chancen, welche die Verwendung von KI im schulischen Kontext birgt.

K	**Kontextverlust**	Die KI kann den Kontext oder die Komplexität von Ereignissen missverstehen.
Ü	**Überschätzung**	Das Überangebot an Informationen sowie die sprachlich ansprechende Gestaltung kann dazu verleiten, die Leistungsfähigkeit einer KI zu überschätzen.
N	**Notwendigkeit der Quellenüberprüfung**	Die zugrundeliegenden Quellen von KI-generierten Texten sind zu überprüfen. Aktuell machen nicht alle KIs ihre Quellen transparent.
S	**Sensible Daten**	Datenschutz und Privatsphäre müssen bei der Verwendung von KI im Unterricht gewahrt bleiben.
T	**Technische Probleme**	Die Verwendung von KI kann mit technischen Problemen verbunden sein, z. B. die Erreichbarkeit der Server.
L	**Lügen**	Es existieren zwar Filter, die erfundene oder sachlich falsche Antworten verhindern sollen, dennoch besteht ein Risiko, dass eine KI ‚unabsichtlich' oder mit einer entsprechenden Aufforderung auch absichtlich z. B. erfundene Zitate, Quellen oder Falschaussagen generiert.
I	**Ideologie**	Die Trainingsdaten beeinflussen den Output. Bspw. ChatGPT ist vornehmlich mit englischsprachigen Texten und somit einer westlichen Perspektive trainiert worden.
C	**Copyright-Bedenken**	KI-generierte Texte könnten Plagiate oder Urheberrechtsverletzungen beinhalten. Es ist unklar, ob einer KI Copyright-geschützte Texte bereitgestellt werden dürfen, da sie diese zu Trainingszwecken speichern könnte.
H	**Halbwahrheiten**	KI-generierte Texte können relevante Informationen auslassen und sich auf unzuverlässige oder veraltete Quellen stützen. Der aktuelle Datensatz von ChatGPT ist bspw. von September 2021 (Stand März 2023).
E	**Ethik**	Die Verwendung von KI-Textgeneratoren im Unterricht kann ethische Fragen aufwerfen, wie z. B. die Verantwortung für den Inhalt der generierten Texte oder ob Lernende solche Texte als Eigenleistung ohne Hilfsmittel ausgeben.

I	**Individualisierung**	KI kann dabei helfen, Inhalte zu differenzieren und den Unterricht auf die individuellen Bedürfnisse und Fähigkeiten jedes Lernenden abzustimmen.
N	**Neubelegung**	KI ermöglicht nicht nur Ersatz, Erweiterung oder Änderung bereits bestehender Unterrichtsarrangements, sondern auch das Entwickeln neuartiger Aufgaben („Neubelegung" bzw. „Redefinition" gemäß des SAMR-Modells).
T	**Time-Saving**	KI kann Zeit sparen, indem sie Lernende z. B. bei Recherche oder Lehrende bei der Erstellung von Materialien unterstützt.
E	**Eigenverantwortlichkeit**	Durch die Möglichkeit Nachfragen zu stellen und so Inhalte zu erschließen, kann KI das eigenverantwortliche Lernen fördern.
L	**Leistungsrückmeldungen**	KI kann anhand von konkreten Bewertungskriterien Rückmeldungen und Optimierungsvorschläge ausgeben.
L	**Lernpläne**	KI kann bei der Erstellung individueller Lernpläne unterstützen.
I	**Interaktives Lernen**	KI kann interaktive Lernumgebungen schaffen, welche die Lernenden aktiv in den Lernprozess einbeziehen.
G	**Gamification**	KI kann dazu beitragen, den Unterricht motivierender und unterhaltsamer zu gestalten, indem sie spielerische Lernaktivitäten anbietet.
E	**Ermunterung**	KI kann dazu beitragen, dass jeder einzelne Lernende aktiviert und zum Lernen ermuntert wird, da KI jedem eine aktive Teilnahme am Unterricht ermöglicht.
N	**Neugier**	KI kann der natürlichen Neugier der Lernenden gerecht werden, da sie geduldig und jederzeit verfügbar auf jede beliebige Frage eingehen kann.
Z	**Zugänglichkeit**	KI kann dabei helfen, den Unterricht barrierefreier zu gestalten, indem sie alternative Formen von Inhalten anbietet, z. B. Untertitel oder Übersetzungen.

Was kann die KI und wie lässt sich der Nutzen systematisieren?

Da die KI spezifisch auf den jeweiligen Prompt reagiert, kann die Nutzung sehr vielfältig sein. Es können verschiedenste Materialien generiert werden, darunter Sachtexte, fiktive (wertende) Aussagen, Argumentationen, Interviews, Listen, Tabellen, Lückentexte, Multiple-Choice-Tests, (ideologisch gefärbte) Schlagzeilen, halboffene, offene und geschlossene Fragen oder gar operationalisierte Aufgabenstellungen zu einem Thema oder einem Text. Auch kreativere Prompts, z. B. einen Rap-Text über das Stauffenberg-Attentat, eine Wegbeschreibung zur Entstehung der Menschenrechte oder einen Nachruf auf die Weimarer Republik zu formulieren sind jederzeit in überraschend guter Qualität umsetzbar. Zur Differenzierung können sämtliche Texte in unterschiedlichen Sprachen oder Niveaus generiert werden. Die Prompts können entweder nur eine Aufforderung enthalten (z.B. „Formuliere die Ursachen der Französischen Revolution als Kochrezept.") oder mit entsprechenden Materialien ergänzt werden (z.B. „Hier sind zwei Texte zur Schuldfrage bzgl. des Ersten Weltkrieges. Der erste Text ist von Christopher Clark, der zweite von Fritz Fischer. Generiere ein Streitgespräch zwischen den beiden Historikern. [Text 1] [Text 2]").

Darüber hinaus kann die KI fremde sowie eigene Texte analysieren und z. B. eine Ideologiekritik, Sentiment-, Stil-, SWOT- oder PESTEL-Analyse und viele weitere Formen durchführen. Die Qualität der Analyse sollte stets kritisch überprüft werden. Wird der KI ein konkretes Analysemodell bereitgestellt, kann sie dieses unmittelbar anwenden (z.B. „Die nachfolgenden Texte sind Urteile über Napoleon. Beurteile anhand einer fünfstufigen Likert-Skala, wie stark die Autoren jeweils mit der These übereinstimmen, dass Napoleon ein Tyrann war: [...] Begründe."). Die KI kann auch zuvor festgelegte Bewertungskriterien auf Lernprodukte anwenden und inhaltliche sowie sprachliche Optimierungsvorschläge geben.

Letztlich kann die KI auch zur Simulation verwendet werden, um z. B. ein Interview mit einer historischen Persönlichkeit, ein Rollenspiel oder ein Prüfungsgespräch durchzuspielen. Stellt man der KI z. B. Detlev Peukerts Ausführungen zum Widerstand zur Verfügung, kann man die KI auffordern, den Autor zu simulieren und anschließend verschiedene Formen von Widerstand einordnen und diskutieren. Somit ergibt sich eine Systematisierung des KI-Einsatzes im Unterricht als Mittel zur:

1. **Generierung von Materialien:** die KI stellt relevante Informationen zusammen,
2. **Analyse von Materialien**: die KI unterstützt beim kritischen Hinterfragen und Verstehen von Medien,
3. **Simulation von Interaktionen:** die KI ermöglicht das Erkunden interaktiver Szenarien.

Wie kann dies lernförderlich im Unterricht eingesetzt werden?

Ist es denn nicht problematisch, Lernende mit KI arbeiten zu lassen oder KI-generierte Mustertexte auf dem Silbertablett zu servieren? Definitiv ist es erstrebenswert, eigenständig z. B. Argumente aufzustellen bzw. aus Materialien wie Textquellen abzuleiten, da dieser Lernprozess wichtige historische und überfachliche Kompetenzen einübt. Das ist auch weiterhin unverzichtbar. Andererseits darf nicht ignoriert werden, dass nun KIs zur Verfügung stehen, die Quellen und Darstellungen analysieren und Informationen zusammenstellen können. Es gilt daher, die Lernenden zu einem verantwortungsvollen Umgang mit solchen KIs zu befähigen, wozu sowohl die kritische Auseinandersetzung mit KI-Produkten (z.B. Sachtexten) gehört als auch die reflektierte Anwendung einer KI. Die grundsätzlichen Operationen des Geschichtsunterrichts wie eine Quellenanalyse erfordern kritisches Denken sowie Recherche- und Schreibfähigkeiten. Würden diese Operationen aufgrund von KI entfallen, drohen die Lernenden einen wichtigen Lernprozess zu verpassen. KIs sollten als ein Werkzeug, ein Hilfsmittel, wahrgenommen werden, nicht als Ersatz für menschliche Denkleistung. Zudem sind neue Aufgabenformate erforderlich: die Aussagen einer KI können kritisch analysiert, diskutiert, bewertet, gewichtet, verglichen, kategorisiert, Interdependenzen und Widersprüche identifiziert, verifizierende bzw. falsifizierende Fakten, Zahlen und Beispiele recherchiert und ergänzt werden. Auch das Generieren und anschließend vergleichende Analysieren mehrerer Texte, z. B. von Pro/Contra-Argumentationen sowohl aus gegenwärtiger als auch aus historischer Perspektive ist möglich und fördert einen differenzierten Umgang mit damaligen und heutigen Maßstäben. Die Antworten der KI können gemeinsam reflektiert und mit den eigenen Ergebnissen verglichen werden. So haben die Lernenden Gelegenheit, unpassende Aussagen der KI begründet kritisch einzuordnen und deren Grenzen zu erkennen, umgekehrt kann der Unterricht aber auch von gewinnbringenden Impulsen durch die KI profitieren. An dieser Vorgehensweise orientieren sich die nachfolgend in diesem Buch vorgestellten Unterrichtsideen.

Wie können die Lernenden auf die KI zugreifen?

Sicherlich greifen viele Lernende bereits mit privaten Accounts auf Künstliche Intelligenz zu – daher ist es von besonderer Bedeutung, ihnen einen kompetenten und kritisch-reflektierten Umgang mit dieser Technologie zu vermitteln. Inzwischen existieren jedoch auch Anbieter (z.B. Fobizz Tools), die eine Nutzung von KI ermöglichen, ohne dass die Lernenden einen eigenen Account benötigen. Hierbei bleibt ihre Anonymität gewahrt, und die erstellten Inhalte werden automatisch nach einer kurzen Zeitspanne gelöscht. Möglicherweise könnten KI-Anwendungen in der Zukunft sogar datenschutzkonform in etablierte schulische Lernplattformen, wie Moodle, iServe, itslearning oder Mebis, integriert werden.

Ausblick

ChatGPT befindet sich in steter Überarbeitung und Weiterentwicklung. Im Herbst 2023 hat ChatGPT in der kostenpflichtigen Version zahlreiche zusätzliche Funktionen erhalten, z.B. die Möglichkeit zur Verarbeitung von Bild-Dateien. Dies ermöglicht Lehrenden und Lernenden, Bildquellen hochzuladen, die von bzw. mit der KI erschlossen und kontextualisiert werden können. Die Bilderkennung ist jedoch noch fehleranfällig, sodass die Anwender die Ergebnisse sorgfältig überprüfen und ggf. anpassen müssen.

Darüber hinaus verfügt die KI nun über Zugriff auf das Internet und kann mithilfe des „Web Browsing"-Feature tagesaktuelle Informationen mittels der Microsoft-Suchmaschine Bing recherchieren. Die gefundenen Informationen werden mit Quellenangaben und den zugehörigen URLs präsentiert. Quellenangaben zu nicht unmittelbar recherchierten Informationen fehlen jedoch weiterhin.

Zudem wurde die bildgenerierende KI Dall-E 3 in ChatGPT integriert. Diese ermöglicht nun auf Grundlage textlicher Vorgaben das Erstellen von Grafiken, die auch im unterrichtlichen Kontext Verwendung finden können. Beispielsweise können zwei kontrastierende Darstellungen des gleichen Gegenstandes (Bücher vor und nach Erfindung des Buchdrucks), Szenarios (Wohnsituation Industrieller und Arbeitnehmer) oder Ortes (Nil) generiert werden, die unmittelbar divergierende Assoziationen wecken. Solche Grafiken können nicht nur als Einstieg oder als Hauptmedium für kritische Analysen dienen, sondern auch dazu beitragen, nicht-historische Elemente und Fehler der KI im Unterricht herauszustellen und zu diskutieren.

Da die im Ausblick vorgestellten Funktionen erst zur Drucklegung dieses Buches verfügbar wurden, sind darauf aufbauende Unterrichtsvorschläge in diesem Band nicht enthalten. Sie könnten jedoch im Fokus eines möglichen zweiten Bandes stehen.

Abschluss

Durch den Einsatz von KI-gestützten Lernwerkzeugen können Lehrkräfte nicht nur historisches Wissen vermitteln, sondern vor allem ihren Lernenden dabei helfen, historisches Wissen selbst zu ermitteln, um so ein tieferes Verständnis für historische Ereignisse, Zusammenhänge und Perspektiven zu entwickeln. Die Integration von ChatGPT in den Unterricht bietet zahlreiche Chancen. Allerdings ist es wichtig, sich der Grenzen und Herausforderungen bewusst zu sein, die der Einsatz von ChatGPT im Geschichtsunterricht mit sich bringt. Dazu gehören Fragen der Privatsphäre, des Datenschutzes, der Verlässlichkeit von Informationen und der ethischen Verantwortung. Um sicherzustellen, dass ChatGPT ein effektives und verantwortungsvolles Werkzeug im Unterricht ist, müssen Lehrerinnen und Lehrer diese Aspekte stets berücksichtigen und aktiv in den Lernprozess einbeziehen. Die Zukunft des Geschichtsunterrichts liegt in der Verschmelzung von bewährten pädagogischen Methoden und innovativen technologischen Lösungen. ChatGPT hat das Potenzial, den Unterricht zu revolutionieren, indem es das Lernen personalisiert, interaktiver gestaltet und neue Perspektiven auf die Vergangenheit eröffnet. Es liegt in unserer Verantwortung als Pädagoginnen und Pädagogen, das Beste aus dieser Technologie herauszuholen und sie sinnvoll in unsere Lehr- und Lernpraxis zu integrieren. Schließlich bleibt die Hoffnung, dass dieses Buch dazu beiträgt, die Möglichkeiten von ChatGPT im Geschichtsunterricht besser zu verstehen und Lehrerinnen und Lehrer dazu ermutigt, kreative und innovative Wege zu beschreiten.

Inhalte der Beispielmaterialien

Unterrichtsvorschlag	Gegenstand	Unterrichtsvorschlag	Gegenstand
1. Quellen	Dolchstoßlegende	14. Arbeitsaufträge	Hitler-Stalin-Pakt
2. Darstellung	Olympische Spiele	15. Scaffolding	Koloniale Raubgüter
3. Urteile	NS-Ideologie	16. Bildquellen	Gründung NATO
4. Entscheidungsbaum	Appeasement-Politik	17. Sachquellen	Griechische Münzen
5. Polaritätsprofil	Rede Hitlers	18. Textquellen	Kaiserkrone 1849
6. Lösungsvergleich	Verspätete Nation?	19. Toulmin-Schema	Revolution 1848
7. Rollenkarten	Versailler Vertrag	20. Geschichtskultur	Valiant Hearts (WK1)
8. Tabellen	Industrialisierung	21. Ideologiekritik	NS-Ideologie
9. Concept-Maps	Nationalsozialismus	22. Interview	–
10. Positionsquadrat	Kolonien benötigt?	23. Sokratischer Dialog	–
11. Netzdiagramm	Bismarck-Derkmal	24. Prüfungsgespräch	–
12. Stundenplanung	Stalin-Note	25. Über ChatGPT	ChatGPT
13. Analysekriterien	Hitler Reichskanzler	26. Klausur	Koloniale Raubgüter

1. Modifikation von Textquellen

Kompetenzschwerpunkt	Methodenkompetenz (Analyse von Textquellen); Urteilskompetenz (Authentizität, Plausibilität)
Didaktisch-Methodische Hinweise	Um wissenschaftlichen Standards gerecht zu werden, ist es wichtig, dass Lernende KI-generierte Texte unbedingt als solche – und nicht etwa als reale Quellen – wahrnehmen und den fiktionalen Charakter erkennen. Lehrenden und Lernenden sollte bei der Arbeit mit von einer KI generierten Texten bewusst sein, dass das Lernziel immer doppelten Charakter aufweisen muss: Es gilt mindestens so viel über die KI herauszufinden wie über den historischen Gegenstand. Untersuchungsfragen können dabei sein: Wie authentisch ist der fiktive Text? Ist er historisch triftig? Wie plausibel ist er? Welche Perspektive wurde vorgegeben? Welche weiteren Aspekte können im Prompt vorgegeben worden sein, um den Text in dieser Form entstehen zu lassen? Eine etwaige aufgrund einer vorgegebenen Perspektive von der KI angenommene Tendenz bei der Beurteilung historischer Sachverhalte gilt es kritisch zu reflektieren. Die methodischen Einsatzmöglichkeiten von ChatGPT bei der Quellenarbeit sind vielfältig: Sofern reale Quellen verfügbar sind, können diese mithilfe der KI modifiziert werden, sodass Lernende z.B. die echte und eine bearbeitete Quelle miteinander vergleichen und auf ihre Authentizität und Plausibilität hin beurteilen (siehe Kopiervorlage). Auch sprachliche Vereinfachung zur Differenzierung ist möglich (dazu ausführlicher Vorschlag 18). Sofern keine realen Quellen verfügbar sind – wenn es sich bspw. um stumme Gruppen wie Sklaven handelt – bietet die KI die Möglichkeit, diese Gruppen nun in fiktiver Art und Weise zu Wort kommen zu lassen. Der Geschichtsunterricht wird somit durch eine weitere Perspektive bereichert und stellt die Lernenden vor die Herausforderung, die fiktive Simulation dieser realen Perspektive auf ihre Plausibilität hin zu überprüfen. Dies kann z.B. anhand fachwissenschaftlicher Darstellungen erfolgen. Im Anschauungsmaterial wurde die Dolchstoßlegende gewählt (→ Ist die Fälschung falsch?), da dieser Gegenstand eine Diskussion über die Bedeutung von KI in der Gegenwart anstoßen kann: schließlich ist die ungehemmte Verbreitung von Fake News eines der größten Risiken von KI. In diesem Fall wurde die „Quelle" somit nicht gänzlich neu generiert, sondern lediglich modifiziert. Von der Lehrkraft ist bei der Modifikation stets zu prüfen, ob Aussagen unbeabsichtigte inhaltliche Fehler oder perspektivische Fehldeutungen enthalten. Sollte dies der Fall sein, schließt dies die Verwendung für den Unterricht nicht aus, sondern sollte zum Lerngegenstand erhoben werden, mit dem sich die Lernenden auseinandersetzen. Bspw. durch Befragung von ChatGPT können die Lernenden überprüfen, weshalb sich welche Falschaussagen oder Fehlinterpretationen in den generierten Texten finden. Die KI ist auch bereit, aus Fehlern zu lernen und nimmt Verbesserungsvorschlage durch Lernende an.
Konstruktionshinweise	Soll eine fiktive Quelle verfasst werden, ist zunächst ein historischer Gegenstand zu nennen (z.B. Mauerbau). Dies kann ergänzt werden durch eine vorgegebene Perspektive (z.B. Adenauer, Honecker). Dabei kann es sich um eine konkrete historische Person handeln, oder aber nur um vorgegebene soziale, politische, religiöse usw. Standorte, aus denen eine entsprechende Perspektive abgeleitet werden soll (z.B. Ostberliner Arbeiter). Auch Umfang und Gattung der Quelle, bspw. Brief, Zeitungsartikel, Tagebucheintrag usw. können vorgegeben werden (z.B. „Die Kommentare sollen 5 Sätze umfassen."). Ferner kann eine Tendenz, z. B. positiv oder negativ wertend, vorgegeben werden, ansonsten nimmt die KI automatisch eine i. d. R. zur vorgegebenen Perspektive passende Wertung vor. Grundsätzlich gilt: Je präziser der Auftrag an die KI, desto präziser die Antwort. Damit steigt jedoch auch die Wahrscheinlichkeit für Fehler. Soll eine Quelle umgeschrieben werden, sollte vorgegeben werden, welche inhaltliche Position der umgeschriebene Text einnehmen soll (s.u.).
Prompt	Der nachfolgende Text ist von Hindenburg. Er stellt das Militär als unschuldig an der Kriegsniederlage dar. Formuliere den Text so um, dass er die Schuld bei der Obersten Heeresleitung sieht und nicht bei der Heimat. Beachte, dass du „ss" als „ß" schreibst. Verändere den Text so wenig wie möglich. [M1a eingefügt]
Schwierigkeitsgrad	2 (Mittel)
Digitales Zusatzmaterial	Texte ohne Hinweis, dass einer gefälscht ist, auf zwei Kopiervorlagen aufgeteilt.

M1a Generalfeldmarschall Hindenburg am 18.9.1919 über die Ursachen der Kriegsniederlage

Als wir in die Oberste Heeresleitung traten, war der Weltkrieg zwei Jahre im Fluß. [...] Getragen von der Liebe zum Vaterlande, kannten wir nur ein Ziel: Das Deutsche Reich und das deutsche Volk [...] vor Schaden zu bewahren und es [...] einem guten Frieden entgegenzuführen. Um diese gewaltige Aufgabe unter den schwierigsten Bedingungen durchzuführen, mußten wir den unerschütterlichen Willen zum Siege haben. [...] Dabei waren wir uns bewußt, daß wir in dem ungleichen Kampfe unterliegen mußten, wenn nicht die gesamte Kraft der Heimat für den Sieg auf dem Schlachtfelde eingestellt wurde und die moralischen Kräfte des Heeres nicht dauernd aus der Heimat erneuert wurden. [...]

[Wir hätten] trotz der ungeheuren Ansprüche an Truppen und Führung, trotz der zahlenmäßigen Überlegenheit des Feindes [...] den ungleichen Kampf zu einem günstigen Ende führen [können], wenn die geschlossene und einheitliche Zusammenwirkung von Heer und Heimat eingetreten wäre. [...] Doch was geschah nun? Während sich beim Feinde [...] alle [...] in dem Willen zum Siege immer fester zusammenschlossen, [...] machten sich bei uns [...] Parteiinteressen breit, [...] und diese Umstände führten sehr bald zu einer Spaltung und Lockerung des Siegeswillens. [...] Die Heimat hat uns von diesem Augenblick an nicht mehr gestützt. [...] Seit dieser Zeit setzte die heimliche planmäßige Zersetzung von Flotte und Heer [...] ein. Die Wirkungen dieser Bestrebungen waren der Obersten Heeresleitung während des letzten Kriegsjahres nicht verborgen geblieben.

Die braven Truppen, die sich von der revolutionären Zermürbung freihielten, hatten unter dem pflichtwidrigen Verhalten der revolutionären Kameraden schwer zu leiden; sie mußten die ganze Last des Kampfes tragen. [...] So mußten unsere Operationen mißlingen, es mußte der Zusammenbruch kommen; die Revolution bildete nur den Schlußstein. [...] Ein englischer General sagte mit Recht: ‚Die deutsche Armee ist von hinten erdolcht worden.' Den guten Kern des Heeres trifft keine Schuld. [...] Wo die Schuld liegt, ist klar erwiesen.

M1b Generalfeldmarschall Hindenburg am 18.9.1919 über die Ursachen der Kriegsniederlage

Als wir in die Oberste Heeresleitung traten, war der Weltkrieg zwei Jahre im Fluß. [...] Getrieben von der Liebe zum Vaterlande, kannten wir nur ein Ziel: Das Deutsche Reich und das deutsche Volk [...] vor Schaden zu bewahren und es [...] einem guten Frieden entgegenzuführen. Um diese gewaltige Aufgabe unter den schwierigsten Bedingungen durchzuführen, hätten wir den unerschütterlichen Willen zum Sieg haben müssen. [...] Dabei waren wir uns bewußt, dass wir in dem ungleichen Kampfe unterliegen mußten, wenn nicht das Heer durch die Oberste Heeresleitung für den Sieg auf dem Schlachtfelde eingestellt wurde und die moralischen Kräfte des Heeres nicht dauernd erneuert wurden. [...]

[Wir hätten] trotz der ungeheuren Ansprüche an Truppen und Führung, trotz der zahlenmäßigen Überlegenheit des Feindes [...] den ungleichen Kampf zu einem günstigen Ende führen [können], wenn das Heer und die Oberste Heeresleitung ihre Pflichten ernst genommen und eng mit der Heimat zusammengearbeitet hätten. [...] Doch was geschah nun? Während sich beim Feinde [...] alle [...] in dem Willen zum Siege immer fester zusammenschlossen, [...] versagten bei uns [...] das Heer und die Oberste Heeresleitung in der Erfüllung ihrer Aufgaben, [...] und diese Umstände führten sehr bald zu einer Spaltung und Lockerung des Siegeswillens. [...] Die Heimat versuchte uns zu unterstützen, aber das Heer und die Oberste Heeresleitung ließen sie im Stich. [...] Seit dieser Zeit setzte sich die Zersetzung von Flotte und Heer [...] fort. Die Wirkungen dieser Entwicklungen waren der Obersten Heeresleitung während des letzten Kriegsjahres nicht verborgen geblieben.

Die braven Truppen, die sich von der progressiven Zermürbung der Alliierten freihielten, hatten unter dem pflichtwidrigen Verhalten der Obersten Heeresleitung schwer zu leiden; sie mußten die ganze Last des Kampfes tragen. [...] So mußten unsere Operationen mißlingen, es mußte der Zusammenbruch kommen; die Revolution bildete nur den Schlußstein. [...] Ein englischer General sagte: ‚Die deutsche Armee ist von der eigenen Führung erdolcht worden.' Den guten Kern des Volkes trifft keine Schuld. [...] Wo die Schuld liegt, ist klar erwiesen.

Originalquelle aus: Verfassunggebende deutsche Nationalversammlung: Stenographischer Bericht über die öffentlichen Verhandlungen des Untersuchungsausschusses. 14. Sitzung des Unterausschusses, Dienstag, den 18. November 1919. Berlin 1919, S. 727–732; der andere Text wurde generiert mit ChatGPT4.0.

Aufgaben:

1. EA: Nenne die Ursachen, die Hindenburg für die Kriegsniederlage Deutschlands nennt.
2. EA: Erläutere, wer für die Ursachen der Kriegsniederlage verantwortlich ist.
3. PA: Vergleicht Nr. 1–2 und notiert Unterschiede sowie Gemeinsamkeiten bzgl. Inhalt und Perspektive.
4. PA: Bei einem der beiden Texte handelt es sich um eine Fälschung, die von einer Künstlichen Intelligenz generiert wurde. Beurteilt die Plausibilität der beiden Texte und begründet, bei welchem Text es sich um eine Fälschung handelt.
5. PA: Erläutert, welches Risiko in der Gegenwart von KI-generierten Texten ausgehen kann.
6. Sprinteraufgabe: Erörtert, wie KI-generierte Texte den Zugang zu historischen Quellen und das Verständnis von Geschichte für das Individuum sowie für die Gesellschaft positiv und negativ beeinflussen könnten.

2. Generieren von Darstellungstexten

Kompetenzschwerpunkt	Methodenkompetenz (Textanalyse); Urteilskompetenz (Triftigkeit)
Didaktisch-Methodische Hinweise	Die Risiken von KI-generierten Texten liegen auf der Hand: Sie können fehlerhaft sein und müssen daher in jedem Fall von der Lehrkraft kritisch überprüft werden. Solch eine Überprüfung ist eine anspruchsvolle Aufgabe, die Lernende in begrenztem Rahmen übernehmen können. Auf einen Prompt zu Kritikpunkten an Stauffenberg führte ChatGPT3.5 bspw. an, dass dieser „einen legal gewählten Staatschef" töten wollte (Januar 2023). Diese Formulierung können bereits Lernende in der Sek I kritisch beurteilen. Weitere Nachteile KI-generierter Texte sind z. B. ein begrenztes Verständnis von Ironie und Kontroversen oder fehlende Empathie. Auch ist zu berücksichtigen, dass die KI auf einen begrenzten Datensatz zurückgreift und Informationen daher unvollständig oder nicht auf dem aktuellen Stand der Forschung sein können: ChatGPT wurde bspw. vorerst nur mit Daten trainiert, die bis September 2021 reichen (Stand April 2023). Demgegenüber stehen auch Vorteile, z. B. dass auf einer gigantischen Materialbasis in kürzester Zeit stark individualisierte und auf die Bedürfnisse einer Lerngruppe angepasste Texte generiert werden können. Auch der Aspekt der Objektivität ist neu zu reflektieren: Eine KI selbst ist rein objektiv und im Gegensatz zu menschlichen Historikern nicht von persönlichen Vorurteilen oder subjektiven Ansichten beeinflusst, d.h. sie besitzt keinen natürlichen Standort und somit keine genuin eigene Meinung oder Perspektive. Zu beachten ist jedoch, dass eine KI nur das Ergebnis dessen ist, was sie auswertet: weisen die Trainingsdaten bereits ein Bias bzw. eine Perspektive auf, kann die KI dies reproduzieren. Dies muss vorab mit den Lernenden eingeordnet werden. Methodisch könnten auch stark einseitig argumentierende Darstellungstexte generiert werden, die ausschließlich für bzw. gegen eine Position argumentieren (vgl. Vorschlag 24). Eine generierte Darstellung sollte daher mit reliablen Quellen und Darstellungen, z. B. aus dem Lehrwerk, überprüft werden. Da KI-generierte Texte – auch stark einseitige – zunehmend in verschiedenen Medien präsent sind, ist es wichtig, dass Schülerinnen und Schüler lernen, diese Texte kritisch zu hinterfragen und ihre Glaubwürdigkeit zu bewerten. Die Aufträge, mit denen diese Darstellungen generiert werden, sind von Menschen formuliert: somit ist essenziell, dass die Schülerinnen und Schüler lernen, auch KI-generierte Darstellungen auf die jeweilige Intention, Perspektive und Argumentation hin kritisch zu überprüfen – da diese aufgrund konkreter Vorgaben enthalten sind. Der Einsatz von ChatGPT bzw. der reflektierende Umgang mit KI-generierten Darstellungstexten im Geschichtsunterricht kann so dazu beitragen, die Medienkompetenz der Lernenden zu stärken. Dies bietet die Möglichkeit, über die Rolle von KI in der heutigen Gesellschaft nachzudenken. Lernende können die ethischen und gesellschaftlichen Implikationen von KI-generierten Texten und deren Auswirkungen auf die Art und Weise, wie wir Geschichte verstehen und lehren, diskutieren (vgl. Vorschlag 23).
Konstruktionshinweise	Es empfiehlt sich, mit dem Auftrag einen z. B. informativen oder argumentativen Sachtext zu einem historischen Gegenstand zu verfassen, zu beginnen und das Ergebnis durch Nachjustieren zu optimieren. Gelegentlich antwortet ChatGPT für den unterrichtlichen Kontext zu knapp, dies kann durch den Befehl „Schreibe mindestens X Wörter." behoben werden. Es ist zu beachten, dass darunter jedoch die Textqualität leiden kann und nicht zwingend weitere relevante Inhalte ergänzt werden. So kann es sinnvoll sein, konkrete Aspekte oder auch Stichpunkte, die inhaltlich berücksichtigt werden sollen, vorzugeben.
Prompt	Schreibe fünf Texte zu der 1. politischen, 2. kulturellen, 3. wirtschaftlichen, 4. sportlichen, 5. religiösen Bedeutung der olympischen Spiele für die antiken Griechen.
Schwierigkeitsgrad	1 (Leicht)

M1 Die KI ChatGPT über die Bedeutung der olympischen Spiele für die antiken Griechen

1. Politische Bedeutung der olympischen Spiele für die antiken Griechen:
Die Olympischen Spiele hatten für die antiken Griechen eine große politische Bedeutung. Sie dienten als Symbol für den Frieden und die Einheit unter den griechischen Stadtstaaten. Während der Spiele wurde ein Waffenstillstand ausgerufen, damit Athleten und Zuschauer ungehindert an den Spielen teilnehmen konnten. Auch diplomatische Beziehungen konnten während der Spiele geknüpft oder verbessert werden. Die Olympischen Spiele waren ein wichtiger Bestandteil der griechischen Kultur und trugen dazu bei, das Selbstverständnis der Griechen als eine vereinte Kulturnation zu stärken.

2. Kulturelle Bedeutung der olympischen Spiele für die antiken Griechen:
Die Olympischen Spiele hatten für die antiken Griechen auch eine große kulturelle Bedeutung. Sie dienten als Forum für die Präsentation und den Austausch griechischer Kultur, Kunst und Literatur. In den Pausen zwischen den Wettkämpfen fanden Theateraufführungen, Musik- und Dichtungswettbewerbe statt. Die Olympischen Spiele waren auch ein Ort, an dem die griechische Religion und Mythologie gefeiert wurden. Die Spiele waren eine wichtige Möglichkeit für die Griechen, ihre kulturelle Identität zu stärken und zu feiern.

3. Wirtschaftliche Bedeutung der olympischen Spiele für die antiken Griechen:
Die Olympischen Spiele hatten auch eine wichtige wirtschaftliche Bedeutung für die antiken Griechen. Die Spiele brachten viele Besucher in die Stadt Olympia, was zu einem Anstieg des Handels und der Wirtschaft führte. Viele Händler und Gewerbetreibende profitierten von den Spielen, indem sie Waren und Dienstleistungen an die Besucher verkauften. Auch die Athleten, die an den Spielen teilnahmen, trugen zur Wirtschaft bei, da sie oft von ihren Heimatstädten unterstützt wurden.

4. Sportliche Bedeutung der olympischen Spiele für die antiken Griechen:
Die Olympischen Spiele hatten natürlich auch eine große sportliche Bedeutung für die antiken Griechen. Sie dienten als ein Forum für die Besten der Besten, um ihre Fähigkeiten und Leistungen im Wettkampf zu messen. Die Athleten bereiteten sich jahrelang auf die Spiele vor und gaben alles, um die Ehre und den Ruhm zu gewinnen, der mit einem Sieg verbunden war.

5. Religiöse Bedeutung der olympischen Spiele für die antiken Griechen:
Die olympischen Spiele hatten auch eine große religiöse Bedeutung für die antiken Griechen. Sie wurden alle vier Jahre zu Ehren des Gottes Zeus im Heiligtum von Olympia abgehalten und dienten als Ort der Verehrung und des Gebets. Die Athleten und Zuschauer opferten Tiere und brachten Geschenke an die Götter, bevor sie an den Wettkämpfen teilnahmen, um so die Gunst der Götter zu erlangen. Die Spiele waren auch mit religiösen Ritualen und Zeremonien verbunden, wie dem Anzünden des olympischen Feuers.

Generiert mit ChatGPT 4.0

Aufgaben:

1. Lies deinen Text. Fasse die Bedeutung der olympischen Spiele für die antiken Griechen stichpunktartig zusammen.
2. Tausche deine Ergebnisse in der Gruppe aus.
3. Der griechische Dichter Lukian (120-180 n. Chr.) verschriftlichte ein Gespräch zwischen einem Nichtgriechen und einem Griechen über die Olympischen Spiele. Der Nichtgrieche fragte: „Warum tun die Männer all das? […] Das Treiben sieht für mich verrückter aus als alles andere." Beantworte seine Frage aus der Perspektive des Griechen.
4. Der Sachtext ist von einer Künstlichen Intelligenz generiert und nicht von einem studierten Historiker verfasst worden. Erkläre, was bei einem solchen Darstellungstext wie M1 zu beachten ist.
5. Erörtere Vor- und Nachteile von KI-generierten und herkömmlichen Darstellungstexten.

3. Generieren von Sachverhaltsaussagen, Sachurteilen und Werturteilen

Kompetenzschwerpunkt	Urteilskompetenz (Identifikation Aussagetyp); Handlungskompetenz
Didaktisch-Methodische Hinweise	Der Umgang mit historischen Sachverhalten, Sachurteilen und Werturteilen ist ein essenzieller Bestandteil des historischen Denkens. Neben der eigenständigen Bildung dieser drei Aussagetypen, d.h. der Synthese bzw. (Re-)Konstruktion, sind auch das kritisch-reflektierende Nachvollziehen und Prüfen fremder Aussagen, d.h. Analyse bzw. De-Konstruktion, elementare Operationen des Geschichtsunterrichts (Fenn 2023, S. 15). Dieser Ansatz dient der Analyse fremder Aussagen: die KI generiert Sachverhaltsaussagen, Sachurteile und Werturteile zu einem beliebigen Inhalt des Geschichtsunterrichts. Sind die Aussagen generiert, sollten diese zufällig sortiert werden. Die Lernenden sind nun aufgefordert, die vorliegenden Aussagen zu ordnen. Es sind mehrere Vorgehensweisen im Unterricht denkbar: Die Lernenden identifizieren eigenständig Merkmale der verschiedenen Aussagetypen und klassifizieren diese. Erst im Anschluss wird die Unterscheidung von Sachverhaltsaussagen, Sachurteilen und Werturteilen besprochen. Alternativ werden die drei Typen zuvor behandelt (z.B. anhand des Materials auf der Kopiervorlage) und die Lernenden sind aufgefordert, die Aussagen den drei Typen begründet zuzuordnen. Dieses Aufgabenformat lässt sich durch die Anzahl und Komplexität der Aussagen beliebig nach oben bzw. unten differenzieren. Mit den Lernenden kann reflektiert werden, dass eine Unterscheidung von Sachverhaltsnennung und Sachurteilsnennung von Kontext und zugrundeliegender Denkleistung abhängig ist, so kann eine Sachverhaltsnennung als Antwort auf eine Frage nach Ursachen bereits ein Sachurteilsnennung sein. Falls möglich ist auch das farbliche Markieren von z. B. Sachverhalt, Sachurteil und Werturteil innerhalb einer Aussage eine wertvolle Analyseleistung. Ergänzend sollte sich eine Synthese-Leistung anschließen: das eigene Formulieren von Aussagen der drei Typen schärft das Bewusstsein für den eigenen Sprachgebrauch. Die Anwendung stärkt zudem die Lernleistung und sensibilisiert nachhaltiger für die kritische Einordnung von geschichtsbezogenen Aussagen. Durch einen Austausch der eigenen Aussagen mit dem Partner, der aufgefordert ist, diese einzuordnen, kann kooperativ gearbeitet werden. Sind die Aussagetypen alle auf denselben inhaltlichen Gegenstand bezogen, kann sich optional die Synthese aller drei Teiloperationen anschließen, indem die Lernenden die Aussagen zu einer historischen Narration verknüpfen sollen. Bemerkenswert ist, dass sich die KI weigert, z. B. positive Werturteile über Hitler zu formulieren. Ursächlich dafür sind Filter in der Programmierung. Mit den Lernenden kann diskutiert werden, wer diese Filter festlegen soll – ein profitorientiertes Unternehmen? Oder ist der Staat in der Pflicht einzugreifen?
Konstruktionshinweise	Wird ChatGPT aufgefordert, „Sachverhaltsaussagen" zu einem historischen Gegenstand zu generieren, werden oft Sachurteile produziert. Daher muss man sich mit möglichst präzisen Alternativformulierungen, welche die Formulierung eines Sachurteils möglichst ausschließen, behelfen. Die untenstehende Formulierung hat sich als praxistauglich erwiesen und kann so auf andere Gegenstände übertragen werden. Es ist hilfreich, der KI vorab jeweils eine Definition von Sachverhaltsaussage, Sachurteil und Werturteil zur Verfügung zu stellen.
Prompt	Nenne 3 Fakten über [die Ideologie des Nationalsozialismus], ohne auf Kausalzusammenhänge, Ursachen oder Folgen einzugehen. Nenne 3 Sachurteile mit Kausalzusammenhängen, Ursachen oder Folgen über die Ideologie des Nationalsozialismus. Nenne 3 Werturteile aus der Gegenwart über die Ideologie des Nationalsozialismus.
Schwierigkeitsgrad	2 (Mittel)
Digitales Zusatzmaterial	Individuell anpassbare Version des ABs.

M1 Historische Sachverhalte, Sachurteile und Werturteile

Unter historischen **Sachverhalten** sind in einem sehr weiten Sinn Ereignisse, Prozesse und Strukturen der Vergangenheit zu verstehen. [...] Das Resultat einer Sachverhaltserschließung ist die quellengestützte Vorstellung eines historischen Sachverhalts. Die Artikulation solcher Vorstellungen reicht von einer knappen Sachverhaltsaussage („Am 20.1.1942 fand die Wannseekonferenz statt.") bis hin zu umfangreichen, abwägenden Sachverhaltsdarstellungen [...].

Sachurteilsbildungen sind Aussagen über die Ursachen oder Folgen historischer Sachverhalte und somit das Herzstück einer jeden Erklärung historischen Wandels. Wer klären möchte, warum Kriege begannen, Revolutionen ausbrachen oder Wirtschaftskrisen entstanden, muss historische Sachurteile bilden. Wer die Folgen von Attentaten, Protestbewegungen oder Verfassungsänderungen erklären möchte, ist ebenfalls auf historische Sachurteilsbildungen angewiesen. Sachurteilsbildungen sind Versuche, historischen Wandel zu erklären. Im Zentrum derartiger Erklärungen stehen Kausalaussagen. [...]

[**Werturteile** kommen] zustande, indem historische Sachverhalte mit gegenwärtig relevanten Werten und Normen bewertet werden. Ein historisches Werturteil sagt somit etwas über die normative Positionierung des wertenden Individuums in der Gegenwart aus. Es kann sich um ethische, rechtliche oder auch religiöse Maßstäbe handeln, mithilfe derer z. B. die Handlung eines historischen Akteurs bewertet wird. [...] Die Bewertung erfolgt durch sprachliche Validierung – i. d. R. durch ein wertendes Adjektiv (vorbildlich, sympathisch, grausam, brutal) oder auch ein explizit performatives Verb (mögen, bewundern, verurteilen, verachten). [...] Das Wissen um die den eigenen historischen Werturteilen zugrunde liegenden Werte und Normen ist eine wichtige Hilfe, um in Diskussionen und Debatten den eigenen Standpunkt darstellen, reflektieren und verändern zu können.

Fenn, Monika; Zülsdorf-Kersting, Meik: Historisches Denken, historisches Wissen, historische Kompetenzen, in: Geschichtsdidaktik Praxishandbuch, hg. v. dens., Berlin 2023, S. 21–36.

M2 Aussagen über die Ideologie des Nationalsozialismus

1. Nationalsozialismus ist eine politische Ideologie, die in den 1920er Jahren in Deutschland entstand und von der Nationalsozialistischen Deutschen Arbeiterpartei (NSDAP) gefördert wurde.
2. Die rassistische Ideologie des Nationalsozialismus führte zu einer systematischen Verfolgung und Vernichtung von Millionen von Menschen, insbesondere Juden, während des Holocaust.
3. Die Ideologie basiert auf einer rassistischen und antisemitischen Weltanschauung, die davon ausgeht, dass die „arische Rasse" überlegen ist und andere Rassen minderwertig sind.
4. Die Verbrechen des Nationalsozialismus, einschließlich des Holocaust, werden als eine der schlimmsten Tragödien der modernen Geschichte betrachtet.
5. Eine wichtige Ursache für den Aufstieg des Nationalsozialismus war die wirtschaftliche Instabilität und politische Unruhe in Deutschland nach dem Ersten Weltkrieg.
6. Der Nationalsozialismus strebt eine autoritäre Staatsform an, in der die individuellen Freiheiten den Interessen des Staates untergeordnet sind.
7. Der Nationalsozialismus wird heute weitgehend als abscheuliche und unmoralische Ideologie angesehen, die die Menschlichkeit und die Würde der menschlichen Person missachtet.
8. Die Niederlage Deutschlands im Zweiten Weltkrieg und die Entdeckung der Gräueltaten des Nationalsozialismus führten zu einem internationalen Konsens, dass rassistische Ideologien und Autoritarismus inakzeptabel sind.
9. Die Ideologie des Nationalsozialismus wird heute als eine Bedrohung für die Werte der Demokratie, der Menschenrechte und der Vielfalt angesehen, die in vielen Ländern als grundlegend für eine gerechte und freie Gesellschaft angesehen werden.

Generiert mit ChatGPT 4.0

Aufgaben:

1. Fassen Sie die Eigenschaften von Sachverhalten, Sachurteilen und Werturteilen zusammen.
2. Ordnen Sie anschließend die untenstehenden Aussagen den drei Typen zu.
3. Formulieren Sie eigene Aussagen der drei Typen und lassen Sie ihren Partner zuordnen.

4. Generieren von Entscheidungs-Bäumen

Kompetenzschwerpunkt	Urteilskompetenz (Handlungen); Sachkompetenz (Historische Zusammenhänge)
Didaktisch-Methodische Hinweise	Ein Entscheidungsbaum ist eine visuelle Übersicht, die Gründe und mögliche Konsequenzen einer Abfolge von miteinander verknüpften Entscheidungen darstellt. So können komplexe Entscheidungsprozesse veranschaulicht und leichter analysiert werden, indem der Betrachter einen strukturierten Überblick über die möglichen Konsequenzen einzelner Entscheidungsoptionen erhält. Im Geschichtsunterricht kann ein Entscheidungsbaum somit dem Verständnis historischer Entwicklungen dienen. Die strukturierte Übersicht regt die Lernenden dazu an, die dargestellten Entscheidungen, bspw. zur Appeasement-Politik, zu analysieren und zu bewerten. Indem sie Zusammenhänge erkennen und nachvollziehen, können sie durch das Abwägen, welche Alternativen zur Verfügung standen und welche Auswirkungen diese auf die politische Lage gehabt hätten, ihre kritische Denkfähigkeit schulen. Ein generierter Baum sollte stets kritisch überprüft werden: Sind die genannten Entscheidungspunkte, Optionen, Gründe und Konsequenzen korrekturbedürftig oder sind weitere zu ergänzen? Methodisch kann ein generierter Entscheidungsbaum präsentiert und gemeinsam erschlossen werden. Anspruchsvoller ist es jedoch, einen unvollständigen Entscheidungsbaum zu präsentieren und Optionen, Gründe, Konsequenzen oder ganze Entscheidungspunkte von den Lernenden eigenständig entwickeln zu lassen. Durch den Umfang des eigenständig zu erarbeitenden Anteils lässt sich dieses Aufgabenformat beliebig im Niveau skalieren. Zur Differenzierung können einige oder alle entfernten Bestandteile des Baumes in unsortierter Reihenfolge bereitgestellt werden, sodass die Leistung der Lernenden darin besteht, diese an korrekter Position zuzuordnen (siehe digitales Zusatzmaterial). Darüber hinaus kann eine anspruchsvolle Auseinandersetzung mit einem Entscheidungs-Baum erfolgen, indem die Lernenden die tatsächlich getroffenen Entscheidungen zu einer inhaltlich kohärenten historischen Narration zusammenführen. Durch die Überprüfung der jeweils getroffenen Entscheidungen und den Transfer in ein anderes Repräsentationsformat wird die kognitive Aktivierung angeregt.
Konstruktionshinweise	Es empfiehlt sich, zunächst die KI eigenständig einen ersten Entwurf gestalten zu lassen („Gestalte einen Entscheidungs-Baum zu Chamberlains Appeasement-Politik.") und diesen Stück für Stück zu optimieren. Nach einem ersten Entwurf kann die KI durch den Befehl „Nenne weitere Entscheidungspunkte." wertvolle Impulse für einen idealen Entscheidungs-Baum liefern. Im Beispiel wurden ausschließlich Entscheidungspunkte verwendet, welche die KI selbst vorgeschlagen hat. Ist klar, welche Entscheidungspunkte aufgenommen werden sollen, ist es ratsam, diese konkret vorzugeben (siehe Beispiel unten). Die Anzahl an Optionen, Gründen und Konsequenzen kann beliebig vorgegeben werden.
Prompt	Gestalte einen Entscheidungs-Baum mit 4 Entscheidungspunkten, jeweils 2 Optionen sowie jeweils 2–3 Gründen und Konsequenzen zu Chamberlains Appeasement-Politik. Die vier Entscheidungspunkte sollen sein: 1. Soll Chamberlain Hitlers Forderungen nach dem Anschluss Österreichs nachgeben oder nicht? 2. Soll Chamberlain die Tschechoslowakei opfern, um Hitlers Forderungen nach dem Sudetenland zu erfüllen? 3. Soll Chamberlain versuchen, ein Bündnis mit der Sowjetunion einzugehen, um Hitler einzudämmen? 4. Soll England Deutschland den Krieg erklären, nachdem Hitler Polen besetzt hat?
Schwierigkeitsgrad	2 (Mittel)
Digitales Zusatzmaterial	Kopiervorlage 1 mit fehlenden Optionen/Gründen/Konsequenzen zum eigenständigen Ausfüllen Kopiervorlage 2 mit unsortierten Optionen/Gründen/Konsequenzen, die in KV1 zugeordnet werden können

M1 Entscheidungsbaum zu Chamberlains Appeasement-Politik

1. Entscheidungspunkt: Soll Chamberlain Hitlers Forderungen nach dem Anschluss Österreichs nachgeben oder nicht?

Option A: Nachgeben
- Gründe: Vermeidung eines Krieges, Stärkung von Hitlers Vertrauen in Chamberlain
- Konsequenzen: Verlust von Einfluss in Europa, Unterstützung von Hitlers Expansionsplänen

Option B: Nicht nachgeben
- Gründe: Wahrung der Souveränität Österreichs, Verhinderung eines weiteren Erstarken Deutschlands
- Konsequenzen: Möglicher Kriegsausbruch, geringere Wahrscheinlichkeit, dass Hitler später auf diplomatische Verhandlungen eingeht

2. Soll Chamberlain die Tschechoslowakei opfern und dem Münchener Abkommen zustimmen?

Option A: Zustimmung zum Münchener Abkommen
- Gründe: Vermeidung eines Krieges, Überzeugung, dass Hitler seine Versprechen halten und keine weiteren territorialen Forderungen stellen würde
- Konsequenzen: Hitler kann die Tschechoslowakei besetzen, Verlust der Tschechoslowakei als Verbündetem

Option B: Ablehnung des Münchener Abkommens
- Gründe: Bedenken bzgl. Hitlers Versprechen und seiner territorialen Ambitionen, Ablehnung von Hitlers Aggressionspolitik und Wahrung der territorialen Integrität der Tschechoslowakei
- Konsequenzen: Möglicher Krieg mit Deutschland, möglicher Verlust von Unterstützung durch Frankreich

3. Soll Chamberlain versuchen, ein Bündnis mit der Sowjetunion einzugehen, um Hitler einzudämmen?

Option A: Bündnis eingehen
- Gründe: Stärkung der eigenen Position gegenüber Hitler, Möglichkeit, einen Krieg zu vermeiden
- Konsequenzen: Ideeller Konflikt, möglicher Verlust von Unterstützung durch konservative Kräfte

Option B: Kein Bündnis eingehen
- Gründe: Misstrauen gegenüber der Sowjetunion, Vorbehalte gegenüber dem Kommunismus und Stalins tatsächlichen Absichten
- Konsequenzen: Verlust von Unterstützung durch linke Kräfte, Gefahr eines Bündnisses zwischen Deutschland und der Sowjetunion

4. Soll England Deutschland den Krieg erklären, nachdem Hitler Polen besetzt hat?

Option A: Kriegserklärung an Deutschland
- Gründe: Verteidigung der Integrität Polens, Schutz der eigenen Werte, Interessen und Verbündeten
- Konsequenzen: Beginn des Zweiten Weltkriegs, möglicher Verlust von Unterstützung durch die eigene Bevölkerung

Option B: Vermeidung einer Kriegserklärung
- Gründe: Wahrung des Friedens und Furcht vor einem Krieg und den Konsequenzen für England, Hoffnung auf diplomatische Lösungen, mehr Vorbereitungszeit auf eine mögliche deutsche Aggression
- Konsequenzen: Verlust von internationaler Glaubwürdigkeit und Ansehen, kontinuierliche Aggression durch Hitler gegenüber anderen Ländern

Generiert mit ChatGPT 4.0

5. Generieren von spezifischen Polaritätsprofilen

Kompetenzschwerpunkt	Methodenkompetenz (Quellenanalyse)
Didaktisch-Methodische Hinweise	Polaritätsprofile finden bspw. Anwendung bei der Analyse von Liedern (vgl. Brauer 2021, S. 116), eignen sich jedoch auch hervorragend zur assoziativen Einordnung von Textquellen. Problematisch ist im Alltag, dass ein zu allgemeines Polaritätsprofil Gefahr läuft, nur oberflächliche Aussagekraft zu haben. So sollte, trotz mancher Überschneidungen, ein Polaritätsprofil für eine Rede aus der Frankfurter Nationalversammlung auch einige andere Kriterien enthalten als z. B. ein Polaritätsprofil für einen Schulbuchtext aus der Zeit des Kalten Krieges. Möglich ist eine Unterscheidung der gegenüberzustellenden Aspekte nach bestimmten Analyse-Ebenen, bspw. der inhaltlichen, rhetorischen und emotionalen. Einige Leerzeilen erlauben den Lernenden eigene Begriffspaare zu ergänzen. Empfehlenswert ist eine weitere Spalte, die den Lernenden die Möglichkeit gibt, Zeilenbelege für Textpassagen zu notieren, anhand derer sie die jeweilige Einordnung im Polaritätsprofil entschieden haben. Welche Zeilen am häufigsten als Beleg dienten, kann als Indikator für besonders relevante Textpassagen herangezogen werden, die Gegenstand einer vertiefenden Analyse sein können. Ferner kann die Spalte auch dazu genutzt werden, um Kommentare – bspw. wenn ein Adjektiv nur eingeschränkt passt – zu notieren. Gleichzeitig dient ein Polaritätsprofil als Scaffolding (vgl. Vorschlag 15), da die Lernenden bereits geeignete Begriffe für eine auszuformulierende Analyse identifiziert haben. Denkbar ist auch, die Lernenden einen fiktiven Text mit einem gegensätzlichen Polaritätsprofil verfassen zu lassen. Je nach Textgrundlage kann es sehr gewinnbringend sein, ein Polaritätsprofil nicht aus der Perspektive der Lernenden, sondern aus verschiedenen historischen Perspektiven ausfüllen zu lassen. Dies fördert die Perspektivübernahme und wird im Vergleich die unterschiedlichen Wertmaßstäbe der verschiedenen Perspektiven offenlegen. Letztlich sei darauf hingewiesen, dass durch bewusst gesetzte Begriffspaare – bspw. „gerechtfertigt – ungerechtfertigt" oder „überzeugend – unpersuasiv" – bereits der Prozess der Sach- bzw. Werturteilsbildung initiiert werden kann. Die dem Profil zugrundeliegende Quelle findet sich bei Vorschlag 21.
Konstruktionshinweise	Die Konstruktion eines passenden Polaritätsprofiles kann mithilfe Künstlicher Intelligenz enorm erleichtert werden. Ein gänzlich geeignetes Polaritätsprofil zu erstellen, vermag die KI jedoch noch nicht, da sie bspw. Doppelungen vornimmt (z.B. friedlich vs. aggressiv und friedfertig vs. kriegslüstern). Man kann der KI den Ausgangstext zur Verfügung stellen, sodass sie davon ausgehend geeignete Begriffspaare vorschlägt: problematisch ist jedoch, dass die KI nun sehr treffende Begriffe nimmt und diesen ein Gegenstück gegenüberstellt. So würde ein Polaritätsprofil nur von Extremwerten bestimmt sein. Diese Vorgehensweise sollte nur ergänzend, nicht exklusiv angewandt werden. Bessere Ergebnisse werden erzielt, wenn die KI den Ausgangstext nicht kennt, aber die historische Situation. Mit Informationen zu Textgattung, Entstehungsort und -Zeitpunkt werden passende, aber nicht zu eindeutige Adjektivpaare vorgeschlagen. Es ist somit ratsam, mehrere Profile regenerieren zu lassen und daraus die geeignetsten Teile via Copy & Paste zusammenzustellen. Sollen die Begriffspaare nach verschiedenen Ebenen – z. B. Inhalt, Rhetorik, Emotionen – unterschieden werden, sollte die Begriffe mit einzelnen Befehlen generiert werden.
Prompt	Ich möchte ein Polaritätsprofil verwenden, um eine politische Rede aus Deutschland im Jahr 1922 zu analysieren. Erstelle eine tabellarische Vorlage für ein Polaritätsprofil. Die Tabelle soll in der ersten und letzten Spalte jeweils 2 diametral gegensätzliche Adjektive nennen. In der Mitte sollen 5 Spalten leer bleiben. Die Tabelle soll 20 Zeilen haben. Fülle die erste und letzte Spalte in jeder Zeile mit geeigneten Adjektiven zur Analyse des Textes.
Schwierigkeitsgrad	3 (Schwer)
Digitales Zusatzmaterial	Anpassbare Formatvorlage im Word-Format.

M1 Polaritätsprofil für die Rede Hitlers vor Parteianhängern vom 12.4.1922

Polaritätsprofil – Inhaltliche Ebene							**Kommentar**
friedlich						kriegerisch	
vertrauensvoll						misstrauisch	
ehrlich						verlogen	
partnerschaftlich						feindselig	
fortschrittlich						rückständig	
sozial						unsozial	
liberal						restriktiv	
patriotisch						unpatriotisch	
demokratisch						autoritär	
menschlich						unmenschlich	
tolerant						intolerant	
liebevoll						hasserfüllt	
empathisch						egoistisch	
zielorientiert						ziellos	
internationalistisch						nationalistisch	
stabilisierend						destabilisierend	
lobend						kritisierend	
parteiisch						unparteiisch	
argumentativ						argumentationslos	
gerechtfertigt						ungerechtfertigt	
Polaritätsprofil – Rhetorische Ebene							
sachlich						unsachlich	
metaphorisch						wörtlich	
persönlich						unpersönlich	
anschaulich						abstrakt	
polemisch						sachlich	
rhetorisch						einfach	
übertrieben						zurückhaltend	
dramatisch						nüchtern	
unmanipulativ						manipulativ	
überzeugend						unpersuasiv	
Polaritätsprofil – Emotionale Ebene							
optimistisch						pessimistisch	
beruhigend						bedrohlich	
hoffnungsvoll						resigniert	
ermutigend						entmutigend	
einnehmend						abweisend	
enthusiastisch						nüchtern	
entschlossen						unsicher	
sympathisch						unsympathisch	
respektvoll						respektlos	
emotional						emotionslos	

In einzelnen Teilen generiert mit ChatGPT 4.0, zusammengestellt von O. Held

Aufgaben:

1. Lies die Quelle und beurteile Inhalt, Rhetorik und emotionale Wirkung anhand des Polaritätsprofils. Nutze die Kommentar-Spalte für weitere Beobachtungen und Zeilenbelege.

6. Generieren von Schülerlösungen/Vergleich mit Lehrerband

Kompetenzschwerpunkt	Methodenkompetenz (Darstellung, kritische Untersuchung und Reflexion)
Didaktisch-Methodische Hinweise	Wessen Lösung ist besser – eine generierte Lösung von ChatGPT oder die Musterlösung aus dem Lehrerhandbuch? Bereits dieser Einstieg birgt ein enormes Motivationspotenzial. Lösungen aus Lehrerhandbüchern können entweder Beispiele für gelungene Schülerlösungen sein oder aber für die Zielgruppe Lehrende verfasste Hinweise. Erstere sind hinsichtlich des sprachlichen Anspruches für Lernende sicherlich geeignet, letztere können zu anspruchsvoll sein. Durch den Vergleich mit einer i. d. R. einfacher formulierten Antwort der KI, können die Lernenden einüben, solch anspruchsvolle Texte nachzuvollziehen und so ihre sprachlichen Fähigkeiten ausbauen. Zu beachten ist, dass eine Lösung aus dem Lehrerhandbuch sich idealtypisch auf die im Schülerband bereitgestellte Materialgrundlage beziehen sollte, wohingegen der Trainingsdatensatz von ChatGPT unbekannt ist. Dies birgt das Risiko, dass die Lernenden die Buchlösung präferieren, da dieser die gleichen Voraussetzungen ihrer eigenen Lösung zugrunde liegen sollte. Die Auseinandersetzung mit zwei verschiedenen Lösungen soll ein tieferes Verständnis der Aufgabeninhalte bewirken. Naheliegend ist ein kooperatives Unterrichtssetting, jeweils ein Partner setzt sich mit einem Lösungsvorschlag auseinander, anschließend werden die beiden Lösungsansätze gemeinsam verglichen. Durch den Vergleich beider Lösungen werden gleich mehrere Vorteile erzielt: der Vergleich und anschließende Austausch mit dem Partner kann einem tieferen Verständnis des Inhalts, von Details und Zusammenhängen dienlich sein. Darüber hinaus entwickeln die Lernenden auch ihre Analysefähigkeiten weiter, indem sie die Lösungen kritisch gegenüberstellen und Vor- sowie Nachteile diskutieren. Da anzunehmen ist, dass Lösungen aus dem Lehrerhandbuch von zugelassenen Lehrwerken als zuverlässig eingestuft werden können, haben die Lernenden eine ideale Materialbasis, um die Lösung der KI kritisch zu überprüfen: so lernen sie auf der Meta-Ebene einen kritischen Umgang mit KI-generierten Texten und diese entsprechend zu reflektieren. Im Anschluss an den Vergleich ist der nächste logische Schritt, dass die Lernenden einen eigenen Lösungstext verfassen, in dem sie aufgefordert sind, die in beiden Musterlösungen identifizierten Stärken umzusetzen und evtl. negativ eingeordnete Beobachtungen zu vermeiden. Alternativ kann die Formulierung einer optimierten Lösung auch mithilfe der KI selbst erfolgen. In diesem methodischen Setting sollen die Lernenden die KI mit der Aufgabe beauftragen und anschließend durch gezieltes Nachsteuern über konkrete Befehle – z. B. „Beziehe den Aspekt [...] in deine Antwort mit ein." oder „Belege das Argument [...]." – die KI eine verbesserte Lösung verfassen lassen. Auffallend am Beispielmaterial ist, dass die KI allgemeine Probleme einer verspäteten Nationalstaatsgründung aufzeigt („inwiefern **eine** [...] verspätete"), während die Lösung aus dem Lehrbuch konkrete Konsequenzen in Deutschland behandelt („inwiefern **die** [...] verspätete"). Zwar wird durch den ersten Satz der Bezug zu Deutschland hergestellt, doch streng genommen antwortet die KI exakter und enttarnt damit eine unpräzise Aufgabenstellung. Hier zeigt sich, wie durch den Output von ChatGPT der eigene Input hinterfragt werden kann.
Konstruktionshinweise	Der Befehl an die KI sollte im ersten Schritt immer identisch mit der Formulierung aus dem Schulbuch sein. Ggf. kann es ergiebig sein, die KI über den Button „Regenerate Response" mehrere Antworten vorschlagen zu lassen. Sollen die Lernenden anschließend mit der KI eine optimierte Antwort generieren, sollte ihnen Freiraum gelassen werden, um eigenständig den Umgang mit der KI zu erproben.
Prompt	Der Soziologe Helmuth Plessner bezeichnete Deutschland als „verspätete Nation". Erörtere, inwiefern eine vergleichsweise späte Nationalstaatsgründung Probleme aufwerfen kann.
Schwierigkeitsgrad	1 (Leicht)

M1 Aufgabe aus dem Schulbuch „Geschichte 11"

Der Soziologe Helmuth Plessner bezeichnete Deutschland als „verspätete Nation". Erörtere, inwiefern eine vergleichsweise späte Nationalstaatsgründung Probleme aufwerfen kann.

Gawatz, Andreas; Grießinger, Andreas (Hg.): Geschichte 11. Ausgabe 2021 für die Kursstufe in Baden-Württemberg, Braunschweig 2021, S. 81.

M2 Von ChatGPT4.0 generierte Lösung

Helmuth Plessner, ein deutscher Soziologe und Philosoph, bezeichnete Deutschland als „verspätete Nation", weil es erst im 19. Jahrhundert zur Gründung eines Nationalstaates kam, verglichen mit anderen europäischen Ländern, die ihren Nationalstaat bereits im 18. oder frühen 19. Jahrhundert gegründet hatten. Diese späte Nationalstaatsgründung kann einige Probleme aufwerfen, die sich auf politische, wirtschaftliche und kulturelle Bereiche auswirken können.

Politisch kann eine vergleichsweise späte Nationalstaatsgründung dazu führen, dass es schwieriger ist, eine einheitliche politische Identität und eine gemeinsame politische Kultur zu entwickeln, da die unterschiedlichen Regionen und Kulturen innerhalb des Landes bereits etabliert sind. Dies kann zu politischen Spannungen und Konflikten führen, wenn es darum geht, die Interessen und Bedürfnisse verschiedener Regionen zu berücksichtigen.

Wirtschaftlich kann eine späte Nationalstaatsgründung auch negative Auswirkungen haben, da es schwieriger sein kann, ein einheitliches Wirtschaftssystem zu entwickeln, das den Bedürfnissen des gesamten Landes entspricht. Dies kann zu einer ungleichen Verteilung von Ressourcen und Wohlstand führen und die Entwicklung bestimmter Regionen behindern.

Kulturell kann eine späte Nationalstaatsgründung auch dazu beitragen, dass es schwieriger ist, eine gemeinsame kulturelle Identität zu entwickeln, da die unterschiedlichen Regionen und Kulturen bereits etabliert sind und ihre eigenen kulturellen Traditionen und Praktiken pflegen.

Zusammenfassend lässt sich sagen, dass eine vergleichsweise späte Nationalstaatsgründung Probleme aufwerfen kann, die politische, wirtschaftliche und kulturelle Integrität des Landes beeinträchtigen können.

Generiert mit ChatGPT 4.0

M3 Musterlösung aus dem Lehrermaterial von „Geschichte 11"

Anders als in vielen west- und nordeuropäischen Nationalstaaten kam es in Deutschland erst „verspätet", nämlich 1871, zu einer Nationalstaatsbildung. Die Massierung von Modernisierungsaufgaben (Industrialisierung, innere und äußere Nationalstaatsgründung, Lösung der Sozialen Frage) führte zu Stress, der u. a. Ausdruck in einem überhöhten Nationalgefühl („Chauvinismus" bzw. „Radikalnationalismus") fand, das sich aggressiv gegen (vermeintliche) Feinde der Nation im Innern und nach außen richtete. Ein solches aggressives Misstrauen bekamen zum einen die nationalen Minderheiten im Deutschen Reich wie die dort ansässigen Polen, Dänen und Elsass-Lothringer zu spüren, deren Zugehörigkeit zur deutschen Nation infrage gestellt wurde. Aber auch religiöse Minderheiten, die sich eindeutig als Deutsche verstanden (z. B. die deutschen Staatsbürger jüdischen Glaubens), waren von Anfeindungen durch den Radikalnationalismus betroffen. Ebenso wurde der Radikalnationalismus gegen politische Gegner in Stellung gebracht, die als „Reichsfeinde" denunziert wurden – zur Zeit des Kulturkampfs gegen Anhänger des politischen Katholizismus (Zentrumspartei) und insbesondere während des Sozialistengesetzes gegen Sozialdemokraten. Zum anderen führte die verspätete Nationalstaatsgründung zu einem tiefen Misstrauen gegenüber den Nachbarnationen, allen voran Frankreich, das als „Erbfeind" bezeichnet wurde.

Gawatz, Andreas; Grießinger, Andreas (Hg.): Geschichte 11. Ausgabe 2021 für die Kursstufe in Baden-Württemberg, Lehrerband, Braunschweig 2022, S. 68.

Aufgabe:

1. Benennen Sie Qualitätskriterien für eine Musterlösung der obigen Aufgabe.
2. Vergleichen Sie anhand der Kriterien die Lösung von ChatGPT mit der Musterlösung aus dem Lehrerband.
3. Erörtern Sie Stärken und Schwächen der beiden Lösungen.
4. Verfassen Sie einen eigenen Lösungstext, in der Sie die Stärken beider Texte kombinieren.

7. Generieren von Rollenkarten

Kompetenzschwerpunkt	Urteilskompetenz (Handlungen); Handlungskompetenz (Position beziehen)
Didaktisch-Methodische Hinweise	Die didaktisch-methodischen Überlegungen zu Rollenspielen sind in der einschlägigen Literatur hinreichend dargelegt worden. Der Vorteil bei der Nutzung von ChatGPT liegt in der sehr zeitökonomischen Gestaltung von Rollenkarten für Rollenspiele – dabei können realistische Rollen wie im Beispielmaterial generiert werden, aber auch fiktive, z. B. Rollenkarten für Karl Renner oder Friedrich Ebert, wenn sie für Österreich bzw. Deutschland an den Versailler Friedensverhandlungen teilgenommen hätten. Wird der Prompt um „Hinweise zur Verhandlungsstrategie" ergänzt, liefert die KI passende Vorschläge, dass z. B. Clemenceau die Opferrolle betonen und ein hartnäckiger Verhandlungspartner sein soll, während Wilson diplomatisch und bereit zu Kompromissen sein soll. Diese Hinweise sind einerseits sehr hilfreich, da sie den Lernenden eine realistische Leitlinie geben, in welche Richtung sich das Rollenspiel entwickeln könnte. Andererseits können derlei Vorgaben die Lernenden in ihrem Handlungsspielraum einschränken, daher ist es auch denkbar, die Rollenkarten ohne oder nur mit vagen Hinweisen zur Verhandlungsstrategie zu generieren. Die Rollenkarten müssen nicht notwendigerweise von der Lehrkraft generiert werden. Stattdessen können die Lernenden in einer Vorbereitungsphase eigenständig die KI nach einer Rollenkarte für z. B. ihre Nation befragen. Diese Rollenkarte gilt es dann für die Gruppe mit weiteren Befehlen – z. B. nach Argumenten oder Zielen – optimal für das folgende Rollenspiel aufzubereiten. Auch das Generieren der fremden Rollenkarten, um Argumente der anderen Gruppen zu antizipieren und sich, ebenfalls mithilfe der KI, auf deren Entkräftung vorzubereiten, ist denkbar. Durch diesen Prozess der Vorbereitung lernen die Schülerinnen und Schüler den Umgang mit einer künstlichen Intelligenz wie ChatGPT, während sie zeitgleich ihr Verständnis für historische Zusammenhänge und Argumentation vertiefen. Ferner kann ein Rollenspiel mit der KI durchgeführt werden. Ein möglicher Prompt dazu ist: „Ich möchte mit dir ein Rollenspiel durchführen. Es ist das Jahr 1919 und wir befinden uns in Versailles, um den Deutschland betreffenden Friedensvertrag auszuhandeln. Ich übernehme die Rolle von Woodrow Wilson. Du simulierst die Rollen von Goerges Clemenceau und Lloyd George. Mein erster Satz ist: Was ist euer Hauptanliegen für den Friedensvertrag mit Deutschland?" Wichtig ist, einen ersten Satz zu nennen, sonst generiert die KI einen Dialog, anstatt ihn zu führen.
Konstruktionshinweise	Gibt man der KI ein entsprechendes Setting, z. B. die Friedenskonferenzen von Versailles, sowie die gewünschten Teilnehmer, kann sie schon ein akzeptables Ergebnis gestalten. Doch auch hier lässt sich das Ergebnis durch konkrete Vorgaben optimieren: empfehlenswert ist z. B., reale Ziele und Argumente sofort mitzugenerieren. Je nach Lerngruppe kann man bspw. auf die Argumente verzichten, sodass diese von den Lernenden in Vorbereitung auf das Rollenspiel zu ermitteln sind.
Prompt	Ich möchte mit meinen Schüler*innen ein Rollenspiel zum Vertrag von Versailles durchspielen. Es soll die Rollen von Georges Clemenceau, Lloyd George und Woodrow Wilson geben. Inhaltlich soll diskutiert werden, welche Beschlüsse vor allem Deutschland betreffend im Versailler Vertrag stehen sollen. Gestalte Rollenkarten mit Namen, individuellem Hintergrund, Hauptanliegen, Zielen und Hinweisen zur jeweiligen Verhandlungsstrategie des Teilnehmers.
Schwierigkeitsgrad	2 (Mittel)
Digitales Zusatzmaterial	Weitere Rollenkarte für David Lloyd George (GB)

M1 Rollenkarte Frankreich

Georges Clemenceau
Hintergrund: • Ministerpräsident Frankreichs • Hauptanliegen: Sicherung der französischen Sicherheit und Schwächung des deutschen Militärs
Ziele: 1. Deutschland militärisch schwächen und seine Armee auf 100.000 Soldaten begrenzen 2. Entmilitarisierung des Rheinlandes und Einrichtung einer Pufferzone zwischen FR und DE 3. Gebietsabtretungen: Elsass-Lothringen an Frankreich zurückgeben 4. Hohe Reparationszahlungen von Deutschland fordern, um die Kriegskosten zu decken 5. Verantwortung Deutschlands für den Krieg festschreiben (Kriegsschuldartikel)
Verhandlungsstrategie: • Hartnäckigkeit: Zeige wenig Kompromissbereitschaft und beharre auf deinen Forderungen, um die nationale Sicherheit zu schützen. • Bündnisbildung: Suche die Unterstützung von David Lloyd George, um gemeinsam eine starke Position gegenüber Woodrow Wilson zu vertreten. • Sicherheit: Erkläre, dass Frankreichs Sicherheit durch eine dauerhafte Schwächung Deutschlands und Schaffung einer Pufferzone gewährleistet werden muss. • Langfristige Perspektive: Argumentiere, dass ein schwächeres Deutschland langfristig zu mehr Stabilität in Europa beitragen wird. • Emotionale Argumente: Betone deine Opferrolle, das Leid und die Zerstörung, die der Krieg über Frankreich gebracht hat, und fordere Gerechtigkeit für die französische Bevölkerung.

Generiert mit ChatGPT 4.0

M2 Rollenkarte Amerika

Woodrow Wilson
Hintergrund: • Präsident der Vereinigten Staaten von Amerika • Hauptanliegen: Schaffung einer stabilen und gerechten Friedensordnung
Ziele: 1. Gründung des Völkerbundes, um zukünftige Konflikte zu verhindern und die internationale Zusammenarbeit zu fördern 2. Selbstbestimmungsrecht der Völker und nationale Unabhängigkeit fördern 3. Abrüstung auf internationaler Ebene 4. Keine zu harten Bedingungen für Deutschland, um eine dauerhafte Feindschaft zu vermeiden und eine wirtschaftliche Erholung und Wiederaufbau zu ermöglichen 5. Frieden und Stabilität in Europa durch Zusammenarbeit und Diplomatie erreichen
Verhandlungsstrategie: • Ideale betonen: Verwende die „Vierzehn Punkte" als Grundlage für einen gerechten und dauerhaften Frieden und fördere die Prinzipien von Demokratie und Selbstbestimmung. • Kompromissbereitschaft: Sei bereit, auf einige Forderungen einzugehen, um die Unterstützung für den Völkerbund sowie das Selbstbestimmungsrecht der Völker zu erhalten und um ein ausgewogenes Abkommen zu erreichen, das den Frieden in Europa sichert. • Langfristige Perspektive: Appelliere an die gemeinsame Verantwortung für die Zukunft Europas und argumentiere, dass eine zu harte Bestrafung Deutschlands zu Ressentiments führen und die Wahrscheinlichkeit eines erneuten Krieges erhöhen würde. • Vertrauensbildung: Sei diplomatisch und fördere einen offenen und respektvollen Dialog mit den anderen Verhandlungspartnern, um Vertrauen und Verständnis aufzubauen. • Völkerbund als Schwerpunkt: Führe den Völkerbund als zentrales Element für die Wahrung des Friedens und der Sicherheit in der Welt ein und überzeuge die anderen Großmächte von dessen Notwendigkeit.

Generiert mit ChatGPT 4.0

8. Generieren und Auswerten von Tabellen

Kompetenzschwerpunkt	Methodenkompetenz (Analyse nichtsprachlicher Darstellungen)
Didaktisch-Methodische Hinweise	Die KI ist in der Lage sowohl Tabellen, die via Copy & Paste eingefügt werden, auszuwerten, als auch eigenständig neue Tabellen zu generieren. Zwar wird das Layout einer aus der Zwischenablage eingefügten Tabelle nicht optisch übernommen, aber die KI ist dennoch in der Lage, die Tabelle auszuwerten. Aufforderungen wie „Nenne Durchschnitts- und Maximalwerte." werden korrekt beantwortet. Hat die KI vorab bereits Hintergrundinformationen zu den tabellarischen Werten – so z. B. zu Ergebnissen von Reichstagswahlen in den 30er Jahren – ist sie sogar in der Lage, die Ergebnisse zu erläutern. Im Geschichtsunterricht lassen sich verschiedene Aufgabenformate mit einer generierten Tabelle umsetzen. So kann eine KI-generierte Tabelle bewusst Informationen verschweigen, die von den Lernenden ergänzt werden sollen. So sollen die Lernenden im Anschauungsmaterial rechts bspw. beurteilen, ob es sich um positive oder negative Folgen handelt. Darüber hinaus findet sich im digitalen Zusatzmaterial eine Version der Tabelle, in der die einzelnen Folgen nicht nach Politik, Gesellschaft, Wirtschaft und Umwelt sortiert sind, sodass auch diese Leistung – sowie überhaupt erst die Identifikation und Benennung dieser Betrachtungsebenen! – von den Lernenden erbracht werden muss. Viele Schulbücher enthalten Statistiken, die in Diagrammen visualisiert werden. Eine kognitiv aktivierende Aufgabenstellung kann es sein, die enthaltenen Daten in eine Tabelle umzuformen, welche so verständlich sein muss, dass die KI sie versteht. So kann die KI im nächsten Schritt den Lernenden dabei helfen, die bereitgestellten Daten auszuwerten, wodurch die Lernenden ein tieferes Verständnis für die Bedeutsamkeit der statistischen Daten erhalten. Auch Aufgaben lassen sich mit der KI passend zu Tabellen generieren. Im Internet finden sich z. B. tabellarische Übersichten für Lebensmittelpreise vom Ersten Weltkrieg bis zur Hyperinflation im Oktober 1923. Die KI kann diese Statistik kontextualisierend erklären und auch kreative Rechenaufgaben generieren, die eine nähere Auseinandersetzung mit der Inflation anregen: Auf den Befehl „Entwickle 5 kreative Rechenaufgaben zur Tabelle." Schlägt die KI bspw. vor: „Wie viel Prozent ist der Preis für ein Brot von August 1923 im Vergleich zum Preis von Mitte 1914 gestiegen?" oder „Wenn jemand im Mai 1923 100 Mark für 50 kg Kartoffeln ausgegeben hat, wie viel hätte er im Oktober 1923 für dieselbe Menge bezahlen müssen?". Die korrekt ausgerechneten Antworten werden auf Nachfrage bereitgestellt.
Konstruktionshinweise	Im Anschauungsbeispiel wurde eine Tabelle zu den Folgen der zweiten industriellen Revolution in Deutschland generiert. Auf die Formulierung „Industrialisierung" wurde bewusst verzichtet, stattdessen wurde mit der Formulierung „zweite industrielle Revolution in Deutschland" ein etwas präziserer zeitlicher und örtlicher Rahmen für die aufzulistenden Folgen vorgegeben. Bei der Erstellung von Tabellen zeigt sich die KI noch ausbaufähig, dennoch sind bereits jetzt starke Resultate möglich. Hier lohnt besonders die Option „Regenerate Response", da sich die Antworten allein in der Anlage der Tabelle stark unterscheiden. Es lassen sich jedoch auch konkrete Vorgaben machen; so können Spalten und Zeilen explizit vorgegeben werden (siehe Auftrag für das Beispiel unten).
Prompt	Generiere eine Tabelle mit den Folgen (positive und negative) der zweiten industriellen Revolution in Deutschland. Die Tabelle soll zwei Spalten haben. Die erste Spalte soll unterscheiden zwischen den Ebenen Politik, Gesellschaft, Wirtschaft, Umwelt und die zweite Spalte soll die jeweiligen Folgen enthalten.
Schwierigkeitsgrad	2 (Mittel)
Digitales Zusatzmaterial	Kopiervorlage mit leerer Tabelle, Folgen müssen noch klassifiziert und als positiv oder negativ eingeordnet werden

M1 Tabellarische Übersicht positiver und negativer Folgen der Zweiten Industriellen Revolution in Deutschland

Ebene	Folgen der Zweiten Industriellen Revolution in Deutschland
Politik	• Entstehung von Großmachtstreben und Kolonialismus • Einführung von Arbeitsschutzgesetzen und Arbeitszeitregelungen • Entstehung von Gewerkschaften und Arbeiterbewegung • Ausbau des Sozialstaats • Stärkung des deutschen Kaiserreiches als Wirtschaftsmacht • Stärkung des Nationalbewusstseins durch wirtschaftlichen Erfolg • Unterdrückung von Protesten und Arbeiterbewegungen durch Polizei und Militär • Erschließung und Ausbeutung von Kolonien • Krieg und Zerstörung als Konsequenz des deutschen bzw. europäischen Imperialismus • Konzentration von Industrie und Kapital in wenigen Händen • Entstehung von Machtkonflikt zwischen Industrie und Politik
Gesellschaft	• Entstehung einer industriellen Arbeiterklasse • Verschärfung sozialer Unterschiede • Landflucht bzw. Urbanisierung und Verstädterung • Entstehung neuer Berufe • Entstehung von Massenarmut (Pauperismus) • Arbeitslosigkeit durch Ersetzbarkeit von Arbeitern • Schlechte Arbeitsbedingungen • Wohnungsprobleme • Kinderarbeit • Verlust von traditionellen Werten • Zunahme der städtischen Bevölkerung • Veränderung der Geschlechterrollen durch die Erwerbstätigkeit von Frauen
Wirtschaft	• Entstehung von Großunternehmen, Konzernen und Monopolen • Entwicklung neuer Industriezweige (Automobilindustrie, Elektrotechnik, Chemieindustrie, Maschinenbau) • Ausbeutung von Arbeitern • Verdrängung von Landwirtschaft und Handwerk • Optimierung der Produktionsprozesse durch Einsatz von Maschinen • Schaffung neuer Arbeitsplätze • Zunahme des Welthandels und der Exporte • Verbesserung der Infrastruktur durch den Bau von Eisenbahnen und Straßen
Umwelt	• Verschmutzung von Luft, Wasser und Boden durch die industrielle Produktion • Ausbeutung von Ressourcen wie Kohle und Eisen • Zerstörung von Natur- und Lebensräumen durch Abbau von Rohstoffen und den Bau von Fabriken und Wohnungen • Entstehung von Umweltproblemen wie Waldsterben und Klimawandel

Generiert mit ChatGPT 4.0

Aufgaben:

1. Markiere positive Folgen in grüner, negative in roter Farbe.
2. Gewichte die Relevanz der einzelnen Folgen und erstelle ein Ranking.
3. Begründe für jede Betrachtungsebene, ob die Zweite Industrielle Revolution tendenziell ein positiver oder ein negativer Wandel war.
4. Nimm Stellung, ob die Zweite industrielle Revolution tendenziell eher positiv oder eher negativ zu bewerten ist.

9. Generieren von Begriffen für Concept-Map

Kompetenzschwerpunkt	Methodenkompetenz (Strukturierung); Sachkompetenz (Zusammenhänge)
Didaktisch-Methodische Hinweise	Die Struktur-Lege-Methode kann Lernenden helfen, komplexe historische Zusammenhänge besser zu verstehen, indem sie Informationen oder Begriffe auf Karten schreiben und ordnen, um so Zusammenhänge zu erkennen und ihre Gedanken und Ideen zu strukturieren. Werden die einzelnen Begriffe oder Informationen durch Beschriftungen, Pfeile usw. verbunden, entsteht eine Concept-Map. Das kritische Denken wird gefördert, indem die Lernenden in kooperativen Settings verschiedene Perspektiven und Lösungsmöglichkeiten betrachten und bewerten. Durch die Organisation von Informationen in visueller Form und die Ermutigung zur Diskussion und Bewertung verschiedener Ergebnisse und Perspektiven können Lernende ein tieferes, kritisches Verständnis von Geschichte und ihrer Bedeutung für die Gegenwart entwickeln. Ein möglicher Stolperstein dieser Methode ist, dass die Lernenden bei zu vielen Begriffen überwältigt sind, wodurch ihre Fähigkeit, Zusammenhänge zu erkennen und ihre Ideen zu organisieren eingeschränkt wird. Auch inhaltliche Fehlschlüsse bzw. falsche Zuordnungen sind möglich. Aus diesem Grund sollten die Ergebnisse stets im Plenum oder untereinander diskutiert werden, sodass wichtige Aspekte nicht übersehen werden und die Perspektiven mehrerer Lernender in den Entstehungs- bzw. Bewertungsprozess einfließen (weitere Anregungen zu dieser Methode bei Peters 2016, S. 128–130; 323–325). Eine textgenerierende KI kann dabei helfen, die Materialgrundlage für diese Methode zu generieren. Große Vorteile liegen in der zeitökonomischen Vorbereitung für den Unterricht und der Flexibilität: je nach Leistungsstärke der Lernenden kann eine entsprechend geeignete Anzahl generiert werden. Dabei kann die KI auch zwischen „Fachbegriffen" oder „sprachlich einfachen Begriffen" differenzieren. Eine Möglichkeit der Differenzierung, die einen Teil der Strukturierung und Zuordnung vorwegnimmt, ist, statt einzelnen Begriffen „Informationen (jeweils 3–5 Wörter)" zu generieren: in diesem Fall schlägt ChatGPT bspw. „Lebensraum im Osten als Ziel" oder „Führerkult um Hitler" vor. Die KI kann auch Begriffe aus einem zuvor bereitgestellten Ausgangstext vorschlagen, es ist jedoch zu empfehlen, dies von den Lernenden vornehmen zu lassen. Besonders spannend ist die Anwendung von ChatGPT durch die Lernenden selbst zur Strukturierung der Begriffe. Fragen die Lernenden die KI z. B. „Wie kann man die Begriffe Hitlerjugend, Rundfunk, Diktatur, Sozialdarwinismus, Gewaltbereitschaft miteinander verbinden? Schlage 5 Möglichkeiten vor.", so sind sie dann herausgefordert, sich die sachlogischen Zusammenhänge in den Vorschlägen anzueignen und kritisch zu prüfen. Die Lernenden sind nun herausgefordert, sich die sachlogischen Zusammenhänge in den Vorschlägen der KI anzueignen und kritisch zu prüfen. Wie beim Scaffolding (Vorschlag 15) gilt es nun aus diesem Überangebot auszuwählen: Welche logische Beziehung ist am besten geeignet für die eigene Struktur? Welcher Zusammenhang ist warum am sinnvollsten? Die o.g. Formulierung sollte den Lernenden vorgegeben werden. Darf die KI als Hilfsmittel verwendet werden, sollte transparent sein, dass die Concept-Maps wesentlich ausführlicher und kleinschrittiger vernetzt sein sollen.
Konstruktionshinweise	Die KI kann generierte Begriffe sortieren: dies gelingt mit simplen Befehlen wie „Bringe die Begriffe in eine zufällige/alphabetische Reihenfolge.". Es empfiehlt sich jedoch eine zufällige Reihenfolge, da bei einer alphabetischen Liste einige Zuordnungen vorweggenommen werden (z.B. Judenfeindschaft, Judenstern). Die Begriffe sollten vorab kontrolliert werden, da die KI ggf. ideologisch gefärbte Begriffe wie „Kristallnacht" benutzen könnte. Hilfreich kann es sein, konkret vorzugeben, ob die Liste nummeriert sein soll.
Prompt	Generiere tabellarisch 50 Begriffe zur NS-Ideologie und sortiere sie nach Kategorien. Sortiere die 50 Begriffe in zufälliger Reihenfolge.
Schwierigkeitsgrad	2 (Mittel)

M1 Unsortierte Begriffsliste zur NS-Ideologie

Führerprinzip, Judenfeindschaft, Euthanasie, Blut-und-Boden-Ideologie, Der Stürmer, Holocaust, Verführung, Reichsflagge, NSDAP, Nürnberger Gesetze, Rüstungsindustrie, Judenstern, Rassentrennung, SA, Bund Deutscher Mädel, Hitlergruß, Anschluss, Wehrmacht, Volk, Erbgesundheitsgerichte, Propaganda, Hitlerjugend, Volksempfänger, Volksgemeinschaft, Zensur, Terror, Führer, Rundfunk, Zwangssterilisation, Großdeutschland, Reichspogromnacht, Gleichschaltung, Autobahn, Hitler-Mythos, Eroberung, Waffen-SS, Sozialdarwinismus, Ausgrenzung, Arier, Zwangsarbeit, „Mein Kampf", Gewaltbereitschaft, Diktatur, Germanentum, Lebensraum im Osten, Arbeitsdienst, Reichsparteitag, Gestapo, Eugenik, KdF-Wagen.

Generiert mit ChatGPT4.0

Aufgaben:

1. Schreibt die einzelnen Begriffe auf ein Stück Papier.
2. Sammelt zusammenhängende Begriffe in einzelnen Stapeln (→ Zuordnung).
3. Entwickelt Kategorien für die Begriffsstapel (→ Einordnung).
4. Entwickelt eine sinnvolle Struktur, in der ihr die Begriffe aufklebt (→ Anordnung).
5. Begründet eure Struktur, indem ihr sie mit Pfeilen, Beschriftungen, Farben usw. nachvollziehbar erklärt.

M2 Unsortierte Begriffsliste zur NS-Ideologie (mit Oberbegriffen)

Nationalismus, Führerprinzip, Judenfeindschaft, Euthanasie, Blut-und-Boden-Ideologie, Der Stürmer, Propaganda, Holocaust, Verführung, Reichsflagge, NSDAP, Nürnberger Gesetze, Rüstungsindustrie, Expansionismus, Judenstern, Rassentrennung, SA, Bund Deutscher Mädel, Hitlergruß, Anschluss, Antisemitismus, Wehrmacht, Volk, Erbgesundheitsgerichte, Propaganda, Hitlerjugend, Totalitarismus, Volksempfänger, Volksgemeinschaft, Zensur, Terror, Rassenlehre, Führer, Rundfunk, Zwangssterilisation, Großdeutschland, Organisationen, Reichspogromnacht, Gleichschaltung, Autobahn, Führerkult, Hitler-Mythos, Eroberung, Waffen-SS, Sozialdarwinismus, Ausgrenzung, Arier, Zwangsarbeit, „Mein Kampf", Gewaltbereitschaft, Diktatur, Arbeit, Germanentum, Lebensraum im Osten, Arbeitsdienst, Reichsparteitag, Gestapo, Eugenik, KdF-Wagen, Militarismus.

Generiert mit ChatGPT4.0

Aufgaben:

1. Schreibt die einzelnen Begriffe auf ein Stück Papier.
2. Sammelt zusammenhängende Begriffe in einzelnen Stapeln (→ Zuordnung).
3. Identifiziert Begriffe in der Liste, die sich als Oberbegriffe für Kategorien eignen (→ Einordnung).
4. Entwickelt eine sinnvolle Struktur, in der ihr die Begriffe aufklebt (→ Anordnung).
5. Begründet eure Struktur, indem ihr sie mit Pfeilen, Beschriftungen, Farben usw. nachvollziehbar erklärt

M3 Erwartungshorizont (Mögliche Kategorisierung)

Kategorie	Begriffe
Antisemitismus	Judenfeindschaft, Holocaust, Nürnberger Gesetze, Reichspogromnacht, Judenstern, Ausgrenzung
Führerkult	Führerprinzip, Hitlergruß, Hitlerjugend, Hitler-Mythos, Führer, Verführung
Nationalismus	Großdeutschland, Reichsflagge, Volk
Militarismus	Wehrmacht, Waffen-SS, Gewaltbereitschaft, SA, Blut-und-Boden-Ideologie, Terror
Totalitarismus	Diktatur, Gleichschaltung, Propaganda, Zensur, Gestapo
Expansionismus	Lebensraum im Osten, Anschluss, Eroberung
Rassenlehre	Eugenik, Rassentrennung, Zwangssterilisation, Euthanasie, Erbgesundheitsgerichte, Arier, Sozialdarwinismus, Germanentum
Arbeit	Arbeitsdienst, KdF-Wagen, Autobahn, Rüstungsindustrie, Zwangsarbeit
Organisationen	Volksgemeinschaft, Hitlerjugend, NSDAP, Bund Deutscher Mädel
Propaganda	Reichsparteitag, Rundfunk, Volksempfänger, Der Stürmer

Generiert mit ChatGPT 4.0

10. Generieren von Urteilen, Aussagen, Argumenten für Positionsquadrat

Kompetenzschwerpunkt	Urteilskompetenz (Perspektivabhängigkeit; Denk- und Legitimationsmuster)
Didaktisch-Methodische Hinweise	In diesem Fall werden die Lernenden mit von der KI vorformulierten Argumenten, Chancen und Risiken, Stärken und Schwächen oder anderen Aussagen konfrontiert. Alternativ lässt sich ein zusammenhängender Text generieren, dem die o.g. Informationen erst noch von den Lernenden entnommen werden müssen. Ein methodisches Beispiel, um trotz fertig generierter Argumente einen erfolgreichen Lernprozess zu inszenieren, ist das Positionsquadrat. Die Lernenden erhalten KI-generierte Aussagen, welche sie entsprechend in dem Positionsquadrat verorten müssen. Empfehlenswert ist eine Leitfrage, die auf der X-Achse z. B. mit Zustimmung/Ablehnung beantwortet werden kann. Auf der Y-Achse können diverse andere Kriterien vorgegeben werden. Kognitiv aktivierend ist es, keine konkreten Vorgaben zu machen, sondern die Lernenden nach Sichtung des Materials eigenständig sinnvolle Kriterien für die Y-Achse formulieren zu lassen. Ein möglicher Stolperstein bei der Formulierung von Kriterien für die Y-Achse ist es, Kriterien zu benennen, die wenig Spielraum bei der Zuordnung lassen, da es sich um Entweder-/Oder-Zuordnungen handelt. So sind die Argumente im Beispielmaterial entweder politischer oder wirtschaftlicher Art. Die Zuordnung ist sicherlich sinnvoll, aber eine Abstufung kaum möglich. Dies ist im Beispielmaterial der Kürze der Aussagen geschuldet, bei umfangreicheren Texten ließe sich eine Abstufung leichter vornehmen. Mögliche andere Kriterien für ein Positionsquadrat können – je nach inhaltlichem Gegenstand – z. B. die Unterscheidung von Stärken und Schwächen; langfristig und kurzfristig; objektiv und subjektiv; außenpolitisch und innenpolitisch; positiv und negativ; triftig und nicht triftig; aus heutiger Sicht gültig und nicht gültig; oder bspw. im Kontext von politischen Parteien auch linksextrem und rechtsextrem bzw. gewaltbereit und nicht gewaltbereit sein. Besonders lohnenswert ist eine Unterscheidung, mit der man dem geschichtsdidaktischen Prinzip der Multiperspektivität gerecht wird, so sollen die Lernenden im Beispielmaterial unterschiedliche Perspektiven einnehmen und dann auf der Y-Achse beurteilen (Sachurteil), ob es sich um ein für ihre Perspektive relevantes Argument handelt. Der Vergleich von Positionsquadraten, denen unterschiedliche historische Perspektiven zugrunde liegen, eröffnet ein Verständnis für Multiperspektivität und den resultierenden Konstruktcharakter von Geschichte. Eine Differenzierungsmöglichkeit bzw. didaktische Reduktion kann es sein, die Y-Achse wegzulassen, dann kann man ggf. auch auf die Likert-Skala ausweichen. (Weiteres zum Positionsquadrat bei Behrndt & Kehr, 2021).
Konstruktionshinweise	Argumente, Aussagen usw. lassen sich wie im Beispiel unten leicht generieren. Das Regenerieren der Antwort hilft, die Ergebnisse selbst zu optimieren. Die KI ist darüber hinaus in der Lage, eigenständig mit einem Positionsquadrat zu arbeiten. Dazu müssen alle erforderlichen Informationen möglichst präzise erklärt werden, d.h. die Ausgangsfrage und die Beschriftungen der X-Achse (Nein = -10; Ja = +10) und Y-Achse ([...] = -10; [...] = +10). Anschließend kann die KI sowohl fremde Texte verorten, als auch eigene zu konkreten Koordinaten verfassen: „Analysiere den nachfolgenden Text und gib mit eine begründete Empfehlung, an welchen Koordinaten der Autor im Positionsquadrat verortet werden kann.“; „Generiere einen Text, der dieser Position entspricht (+4, +10). Auch dies birgt weitere methodische Möglichkeiten.
Prompt	Es ist das Jahr 1880. Antworte aus dieser zeitlichen Perspektive: Braucht Deutschland Kolonien? Generiere jeweils 10 fiktive Aussagen, die für bzw. gegen Kolonien sind. Optional kann eine Perspektive vorgegeben werden, aus der die Aussagen getroffen werden sollen.
Schwierigkeitsgrad	2 (Mittel)
Digitales Zusatzmaterial	Unbeschriftete Grafik-Vorlage für ein Positionsquadrat

M1 Fiktive Aussagen aus der zeitlichen Perspektive des späten 19. Jahrhunderts

Ausgangsfrage: Benötigt Deutschland Kolonien?

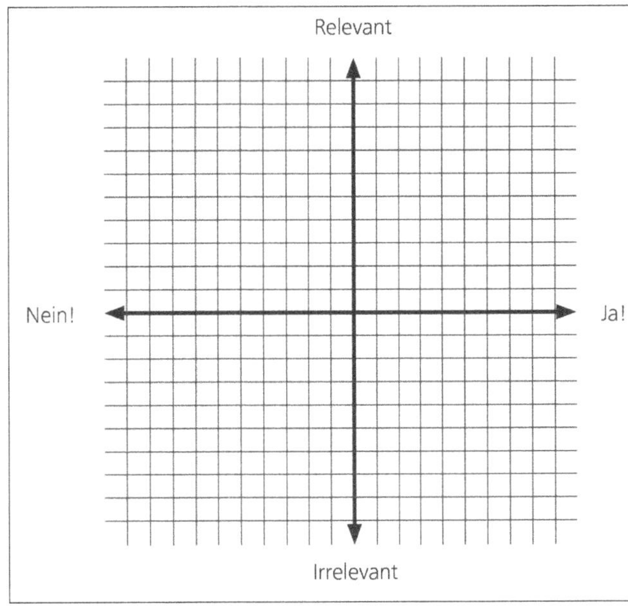

A. Deutschland ist ein relativ junger Nationalstaat und sollte sich auf die Konsolidierung seiner inneren Strukturen und die Stärkung seiner Wirtschaft konzentrieren, anstatt Ressourcen in Kolonien zu investieren.

B. Kolonien bieten die Möglichkeit, Land für eine wachsende Bevölkerung zu gewinnen und unsere natürlichen Ressourcen zu erweitern. Wir könnten Siedler in unsere Kolonien schicken, um Landwirtschaft und Bergbau zu betreiben, die uns helfen könnten, unsere Nahrungsmittel- und Energieversorgung zu verbessern.

C. Die Konkurrenz zwischen den europäischen Mächten um Kolonien hat in der Vergangenheit bereits zu Konflikten und Kriegen geführt. Es ist daher wahrscheinlich, dass eine Expansion Deutschlands in Übersee zu Konflikten mit anderen Ländern führen würde.

D. Die Errichtung und Verwaltung von Kolonien ist ein kostspieliges Unterfangen, von dem nur wenige reiche Bürger und Unternehmen profitieren, während die meisten Deutschen keinen Nutzen davon haben.

E. Kolonien sind notwendig, um Deutschlands politischen Einfluss in der Welt zu stärken. Wir müssen uns als eine Großmacht etablieren, um unsere Interessen zu verteidigen und unsere Position in internationalen Angelegenheiten zu festigen.

F. Durch die Errichtung von Kolonien können wir die Exportmöglichkeiten für unsere Produkte erweitern und neue Absatzmärkte erschließen. Wir könnten Rohstoffe wie Kautschuk, Elfenbein und Edelhölzer in unseren Kolonien gewinnen und verarbeiten, um daraus hochwertige Produkte herzustellen, die wir dann in der Heimat verkaufen können.

G. Es besteht die Gefahr, dass die Kolonialpolitik Deutschlands zu einer Ausbeutung der einheimischen Bevölkerung in den Kolonien führt. Dies könnte das Ansehen Deutschlands in der Welt beschädigen und zu einem moralischen Dilemma führen.

H. Durch die Errichtung von Kolonien können wir unsere militärischen Kapazitäten erweitern und unseren Einfluss auf die Seewege und Handelsrouten ausdehnen. Wir könnten Stützpunkte in unseren Kolonien errichten, um unsere Flotten und Armeen zu versorgen und zu verstärken, um unsere nationalen Interessen zu schützen.

I. Die Errichtung von Kolonien erfordert erhebliche finanzielle Mittel und eine starke militärische Präsenz. Die Investitionen könnten zu Lasten anderer Bereiche wie Bildung, Gesundheitswesen und Sozialpolitik gehen.

J. Die Schaffung von Kolonien ist notwendig, um Deutschlands Einfluss und Prestige auf der Weltbühne zu erhöhen. Andere europäische Mächte wie Großbritannien und Frankreich haben bereits große Kolonialreiche aufgebaut, und um nicht ins Hintertreffen zu geraten, müssen wir ebenfalls eine Präsenz in Übersee aufbauen.

Generiert mit ChatGPT 4.0

Aufgaben:

1. Untersuche die o.g. Aussagen:
   a. Lege für jedes Argument einen Wert auf der X-Achse fest, indem du untersuchst, wie stark die jeweilige Argumentation für bzw. gegen die Errichtung von Kolonien spricht. Auf der X-Achse würde +1 ein sehr schwaches Argument für Kolonien sein; +10 ein sehr starkes Argument.
   b. Nimm eine dieser Perspektiven ein: Kaiser Wilhelm I, Reichskanzler Bismarck, wohlhabender Unternehmer, Industrie-Arbeiter, Arbeitsloser. Untersuche, ob die Argumentation der einzelnen Aussagen für deine Perspektive relevant ist und lege einen entsprechenden Wert auf der Y-Achse fest.
2. Vergleiche dein Positionsquadrat mit deinen Sitznachbarn.

11. Generieren von Argumenten für Netzdiagramm

Kompetenzschwerpunkt	Urteilskompetenz (Triftigkeit; Perspektivabhängigkeit; Stichhaltigkeit)
Didaktisch-Methodische Hinweise	Textgenerierende KIs können in kürzester Zeit eine Vielzahl treffender Argumente auflisten. Um diese jedoch nicht unreflektiert zu übernehmen, ist eine eigenständige Analyse und Reflexion der Argumente durch die Lernenden erforderlich. Bei der Arbeit mit einem Netzdiagramm untersuchen Lernende generierte Argumente dahingehend kritisch, ob sie aus ihrer jeweiligen Perspektive stark, eher stark, eher schwach oder schwach sind. Auch andere, spezifischere Einordnungen sind denkbar. Für jedes Argument sollten die Lernenden einzeln begründen, warum sie es wie einordnen, dabei gilt es, ihre eigenen Wertmaßstäbe offenzulegen bzw. – je nach Aufgabensetting – eine historische Perspektive mit entsprechenden Maßstäben einzunehmen. Im ersten Schritt sind verschiedene Argumente entweder vorab von der Lehrkraft oder auch eigenständig durch die Lernenden mithilfe der KI zu generieren. Dies kann als Liste oder Tabelle erfolgen. Die Lehrkraft kann auch direkt oder aus einer generierten Liste einen argumentativen Text generieren lassen, dem die Lernenden die Argumente erst noch entnehmen sollen. Die Auswertung der Argumente kann arbeitsteilig erfolgen, sodass eine Hälfte der Lernenden nur Pro-, die andere Hälfte nur Contra-Argumente untersucht. Alternativ können auch sofort Pro- und Contra-Argument zusammen untersucht werden. Im Anschauungsmaterial sind die Argumente bereits nach Pro/Contra und Betrachtungsebene differenziert. Diese Einordnung muss nicht vorgegeben werden, sondern kann bzw. sollte sogar von den Lernenden selbst vorgenommen werden (entsprechend anpassbare Vorlagen finden sich im digitalen Zusatzmaterial). Das Netzdiagramm ist eine Möglichkeit, um diese Analyse anschaulich zu visualisieren. Als Alternative kann ein Balkendiagramm mit den Betrachtungsebenen (hier 1–5) auf der X- sowie der Argumentationsstärke auf der Y-Achse (hier 1–4) erstellt werden. Im Anschauungsbeispiel sind die Bereiche für die Betrachtungsebenen bereits in zwei Hälften unterteilt. So können für jeden Bereich zwei Argumente untersucht werden: Entweder jeweils zwei für dieselbe Position oder auch jeweils ein Pro- und ein Contra-Argument. Diese Bereiche lassen sich beliebig weiter aufteilen, die Nutzung unterschiedlicher Farben für Pro/Contra ist zu empfehlen. Besonders anschaulich wird der Nutzen des Diagramms beim Vergleich verschiedener Diagramme: Unterschiedliche Lösungen geben Aufschluss über unterschiedliche Wertmaßstäbe. Ausschließlich auf Pro- bzw. rein auf Contra-Argumenten basierende Diagramme können verglichen oder gar als halbtransparente Folien übereinandergelegt werden (digital z. B. mit PowerPoint möglich). Aufgrund der visuellen Darstellung ist direkt ersichtlich, dass z. B. politische Argumente auf der einen, aber wirtschaftliche Argumente auf der anderen Seite erheblich stärker oder schwächer sind. Auch der Vergleich von Diagrammen, die aus unterschiedlichen historischen bzw. der gegenwärtigen Perspektiven angefertigt wurden, zeigt anschaulich unterschiedliche Gewichtungen bzw. einen Wertewandel. Sprinteraufgabe kann sein, als schwach identifizierte Argumente durch bessere zu ersetzen, die von den Lernenden eigenständig (oder mithilfe einer KI) zu formulieren sind.
Konstruktionshinweise	Eine kurze Sachinformation und der Befehl, entsprechende Argumente zu formulieren, reicht aus (s. Beispiel unten). Mehrere Antworten (re)generieren zu lassen ist hilfreich.
Prompt	Im Hamburg soll das große Denkmal von Otto von Bismarck für viel Geld saniert werden. Nenne jeweils 2 ethische, politische, kulturelle, wirtschaftliche und soziale Argumente gegen eine Sanierung.
Schwierigkeitsgrad	2 (Mittel)
Digitales Zusatzmaterial	AB-Version für die Sanierung; AB-Version für und gegen die Sanierung.

M1 Tabellarische Übersicht möglicher Argumente gegen eine Sanierung

In Hamburg wurde diskutiert, ob das Bismarckdenkmal für mehrere Millionen Euro saniert werden soll.

Ethische Argumente gegen die Sanierung:
1. Das Denkmal von Otto von Bismarck symbolisiert einen Teil der deutschen Geschichte, der von vielen als kontrovers angesehen wird. Eine Sanierung könnte als Verherrlichung einer umstrittenen Figur interpretiert werden. 2. Bismarck war ein Verfechter des preußischen Militarismus, der sich gegen die Interessen anderer Länder und Völker richtete, zudem unterdrückte er bspw. die katholische Kirche als Reichsfeinde im Kulturkampf. Ein Denkmal könnte als Unterstützung einer aggressiven Außen- und Innenpolitik gesehen werden.
Politische Argumente gegen die Sanierung:
1. Bismarck war als Reichskanzler maßgeblich an der Unterdrückung der Sozialdemokratie und der Einschränkung demokratischer Rechte beteiligt. Eine Sanierung seines Denkmals könnte als Unterstützung dieser politischen Agenda angesehen werden. 2. Es gibt Bedenken, dass eine Sanierung des Denkmals von Otto von Bismarck eine Unterstützung für nationalistische oder reaktionäre politische Kräfte darstellen könnte, die versuchen könnten, Bismarcks Erbe zu nutzen, um ihre eigenen politischen Ziele zu fördern.
Kulturelle Argumente gegen die Sanierung:
1. Ein Denkmal von Otto von Bismarck könnte als kulturell unangemessen angesehen werden, da es eine Ära in der deutschen Geschichte repräsentiert, die mit Krieg und Imperialismus in Verbindung gebracht wird. 2. Es gibt auch Bedenken, dass die Sanierung des Denkmals von Otto von Bismarck die Art und Weise beeinflussen könnte, wie die deutsche Geschichte und Kultur präsentiert und verstanden werden.
Wirtschaftliche Argumente gegen die Sanierung:
1. Das Geld, das für die Sanierung des Denkmals ausgegeben wird, sollte besser für soziale oder humanitäre Projekte oder Verbesserungen der Infrastruktur verwendet werden, anstatt für ein Denkmal eines umstrittenen historischen Akteurs. 2. Eine Sanierung des Denkmals könnte keine ökonomischen Vorteile bringen oder gar negative Auswirkungen auf den Tourismus haben, da es als kontroverse und unangemessene Darstellung einer historischen Figur wahrgenommen werden könnte. Das Geld sollte besser in Projekte investiert werden, die einen größeren wirtschaftlichen Nutzen haben.
Soziale Argumente gegen die Sanierung:
1. Die Entscheidung, ein Denkmal für Bismarck zu sanieren, könnte die Bevölkerung spalten und zu sozialen Spannungen führen: da Bismarck diverse soziale Gruppen unterdrückte, könnte die Sanierung seines Denkmals die Bemühungen zur Schaffung einer inklusiven und vielfältigen Gesellschaft behindern. 2. Die Sanierung des Denkmals von Otto von Bismarck könnte dazu führen, dass sich bestimmte soziale Gruppen oder Gemeinden nicht mehr mit der Stadt oder dem Land identifizieren können.

Generiert mit ChatGPT 4.0

Aufgaben:

1. Analysiere die Argumente, indem du schriftlich einzeln begründest, ob das Argument stark, eher stark, eher schwach oder schwach ist. Im Diagramm ist in jedem Bereich Platz für zwei Argumente. Markiere dort, wie du das Argument eingeordnet hast (stark = ganz außen, schwach = ganz innen).
2. Werte dein Diagramm aus. Erkläre, welche Argumente besonders schwach bzw. stark sind.
3. Vergleiche mit deinem Partner.
4. Sprinteraufgabe: Entwickle bessere Argumente für die, die du als schwach oder eher schwach eingeordnet hast.

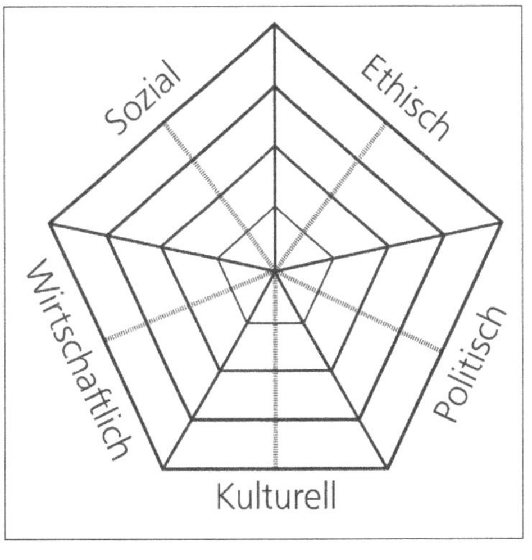

12. Hilfsmittel zur Planung von Unterrichtsvorhaben und Unterrichtseinheiten

Kompetenzschwerpunkt	–
Didaktisch-Methodische Hinweise	Die Vorgehensweise, vom Lernziel aus eine Stunde zu planen, gestaltet sich für eine KI als überfordernd. Dennoch kann sie ein hilfreiches Werkzeug für die Unterrichtsvorbereitung sein. Es ist zu empfehlen, als Lehrkraft ein Lernziel für die zu planende Unterrichtsstunde zu bestimmen und die KI nicht als „Planungstool", sondern als Werkzeug für die Gestaltung der notwendigen Materialien dieser Stunde zu nutzen. Gehen wir nachfolgend exemplarisch von dem Lernziel aus: Die Lernenden können erörtern, ob die Stalin-Noten eine verpasste Chance zur Wiedervereinigung waren.
Konstruktionshinweise	Die KI kann dabei unterstützen, problemorientierte Leitfragen zu entwickeln, so wurde mit Prompt #1 z.B. die Frage „Die Stalin-Noten – Chance zur Wiedervereinigung oder Propaganda-Manöver?" generiert. Der Stundeneinstieg soll als Concept Cartoon gestaltet sein, d.h. verschiedene wissenschaftsorientierte, aber auch schülerorientierte Aussagen zur Leitfrage werden comic-artig in Sprechblasen gegenübergestellt (vgl. Buchberger, Eigler, Kühberger 2019). Diese Aussagen können mit Prompt #2 generiert werden. Zu beachten ist, dass die Lernenden die für den Einstieg generierten Aussagen nicht als reale Zitate von z. B. Zeitgenossen oder Historikern verstehen. Anschließend sollen zwei KI-generierte Darstellungstexte vergleichend analysiert werden. Vorab können Sie die KI auffordern, zehn Argumente für die jeweils auszuformulierende Position zu nennen. So können Sie festlegen, welche Argumente im Text entfaltet werden sollen, ergänzen Sie dazu in Prompt #3 den Satz „Verwende ausschließlich die Argumente 1,2,5...". Die so generierten Darstellungen sind von der Lehrkraft (und den Lernenden) kritisch zu überprüfen und als generierte Werke zu kennzeichnen. Nach der Erarbeitung der kontroversen Positionen und der Beantwortung der Leitfrage kann die Stunde abgerundet werden, indem erneut das Einstiegsmedium diskutiert wird. Nun können die Lernenden beurteilen, welche Stärken und Schwächen die Aussagen aufweisen, ob sie wissenschaftsorientiert sind und ob sie der Ambivalenz des Gegenstands gerecht werden. Ergänzend kann die Stunde optimiert werden, indem auf die Texte abgestimmte Analysekriterien (Vorschlag 13), Arbeitsaufträge (Vorschlag 14) oder Differenzierungsmaterialien (Vorschlag 15, 18) erstellt werden.
Prompt	1. Formuliere zehn diskutierbare, problemorientierte Fragen, die sich auf die Stalin-Noten von 1952 beziehen. [alternativ z.B. auch möglich: [...] die sich auf wichtige historische Ereignisse, Personen oder Prozesse aus der deutschen Geschichte von 1949 bis 1953 beziehen.] Die Fragen sollten in der Formulierung so gestaltet sein, dass sie zwei gegensätzliche Perspektiven oder Einschätzungen aufzeigen, wie zum Beispiel „Wirtschaftswunder - Realität oder Mythos?". Die Fragen sollen nicht als W-Fragen formuliert sein. 2. Formuliere zehn fiktive Aussagen als Antwort auf die Frage [...]. Die Aussagen sollen den Umfang eines Satzes haben und verschiedene Perspektiven darlegen. Einige Aussagen sollen wissenschaftsorientiert sein, andere aber auch typischen Schülervorstellungen entsprechen. Es soll auch gemischte Aussagen geben. Die Aussagen sollen leicht verständlich sein. 3. Verfasse aus den Argumenten [...] einen kohärenten, konsistenten, zusammenhängenden argumentativen Sachtext mit der Position, dass die Stalin-Note [k]eine Chance zur Wiedervereinigung war. Vermeide Formulierungen wie „erstens", „zweitens". Stelle sachlogische Verknüpfungen zwischen den Argumenten her, sodass es keine lose Aneinanderreihung ist, sondern ein stringenter Text mit einem roten Faden. Du musst dich nicht an die obige Reihenfolge der Argumente halten. Der Text soll einen Umfang von 6 Sätzen haben.
Schwierigkeitsgrad	3 (Schwer)

M1 Fiktive Schüler-Aussagen über die Stalin-Noten

1. „Die Stalin-Noten waren lediglich ein politisches Manöver der Sowjetunion, um die Westalliierten in eine ungünstige Position zu bringen und ihre eigene Macht in Ostdeutschland zu festigen."
2. „Die Noten müssen im Kontext des Kalten Krieges und der geostrategischen Interessen der Sowjetunion betrachtet werden, und nicht nur als reines Angebot zur Wiedervereinigung."
3. „Ich glaube, man hat da eine große Chance verpasst – wenn die Westmächte auf die Noten eingegangen wären, wäre Deutschland vielleicht nicht so lange geteilt gewesen."
4. „Die Stalin-Noten hätten den Weg zur Wiedervereinigung ebnen können, wenn sie ernsthaft verhandelt worden wären."

M2 ChatGPT4.0 über die Stalin-Noten (Version 1)

Die Stalin-Noten von 1952 werden von einigen Historikern als ernsthaftes Angebot der Sowjetunion gesehen, ein neutrales Deutschland als Pufferzone zwischen Ost und West zu akzeptieren, was die geopolitische Spannung zwischen den Supermächten hätte mindern können. Dieser Bereitschaft lag möglicherweise eine strategische Priorisierung der eigenen Sicherheit zugrunde, bei der die Ausdehnung des sozialistischen Staatenblocks weniger im Fokus stand. Einige Historiker vertreten die These, dass die Sowjetunion tatsächlich bereit gewesen wäre, die DDR aufzugeben, um durch ein neutrales Deutschland die Stabilisierung der Region zu gewährleisten. Hätte der Westen auf dieses Angebot positiv reagiert, hätte dies nicht nur den nationalen Zusammenhalt durch eine frühere Wiedervereinigung gestärkt, sondern auch die tiefgreifenden Unterschiede zwischen Ost- und Westdeutschland gemildert, die sich im Laufe der Jahre vertieft hatten. Darüber hinaus hätte eine solche Entwicklung das Potenzial gehabt, den Kalten Krieg zu verkürzen oder zumindest seine Intensität und die damit verbundenen globalen Spannungen zu verringern. Somit erscheint die Stalin-Note retrospektiv als eine verpasste Chance, die deutsche Teilung zu überwinden und eine stabile, neutrale Position in der zentralen europäischen Landschaft zu etablieren.

Generiert mit ChatGPT4.0

M2 ChatGPT4.0 über die Stalin-Noten (Version 2)

Die Stalin-Noten, von manchen als Chance zur Wiedervereinigung Deutschlands betrachtet, können in einem anderen Licht als strategisches Propaganda-Manöver der Sowjetunion gesehen werden, wodurch ihre Aufrichtigkeit in Frage gestellt wird. Viele Historiker unterstützen diese Sichtweise und betonen die zeitlichen Umstände sowie das politische Klima der Ära. Im Kontext der nahenden Unterzeichnung des Deutschland- und des EVG-Vertrages lässt sich argwöhnen, dass die Sowjetunion primär die Annäherung der BRD an den Westen stören oder zumindest verzögern wollte, statt eine echte, ernst gemeinte Lösung für die deutsche Frage anzubieten. Dieser Vorstoß könnte zudem gezielt eingesetzt worden sein, um eine Spaltung zwischen den Westmächten und der Bundesrepublik zu provozieren und gleichzeitig die Verantwortung für die anhaltende Spaltung Deutschlands den Westmächten zuzuschreiben. Überdies fehlten klare Garantien für die Sicherheit eines neutralisierten, wiedervereinigten Deutschlands, welches ohne Bündnispartner einem potenziellen Angriffskrieg schutzlos ausgeliefert gewesen wäre. Dies alles zusammengenommen lässt den Schluss zu, dass die Stalin-Noten keine verpasste Gelegenheit, sondern vielmehr ein geschickter Schachzug im geopolitischen Spiel der Nachkriegsordnung waren.

Generiert mit ChatGPT4.0

Aufgaben:

1. Fasse tabellarisch die Argumente aus M2 oder M3 zusammen, die für bzw. gegen die Aufrichtigkeit der Stalin-Noten vorgebracht werden.
2. Vergleiche die Argumente mit einem Partner, der den anderen Text gelesen hat. Ergänze deine Tabelle.
3. Nimm Stellung zu der These, dass die Stalin-Noten eine verpasste Chance zur Überwindung der deutschen Teilung waren.
4. Beurteile die Plausibilität der in den Texten dargestellten Thesen zu den Stalin-Noten und begründe, welche These du für am wahrscheinlichsten hältst.
5. Erörtere, ob die Stalin-Noten als erfolgreiches oder gescheitertes diplomatisches Manöver betrachtet werden können.
6. Erörtere am Beispiel von M2 und M3, welche Risiken und ethischen Bedenken mit der Verwendung von KI-generierten Texten im Bildungsbereich verbunden sein könnten.

13. Hilfsmittel zur Formulierung von Analysekriterien

Intention	Unterstützung bei Unterrichtsplanung
Didaktisch-Methodische Hinweise	Im vorliegenden Beispiel wurden Quellentexte aus dem Vorwärts, dem ‚Zentralorgan der Sozialdemokratischen Partei Deutschlands', sowie aus dem Völkischen Beobachter, dem Parteiorgan der NSDAP, recherchiert. Erstere sind über das Digitalisierungsprojekt der Friedrich-Ebert-Stiftung online zu finden, letzterer ist über Archive.org abrufbar. Die Texte finden sich auch entsprechend aufbereitet im digitalen Zusatzmaterial. Diese Quellen bieten im multiperspektivischen Zugriff ein enormes Potenzial für den Geschichtsunterricht. Die KI kann Lehrkräfte dabei unterstützen, das maximale Potenzial dieser Quellen zeitökonomisch zu identifizieren. Dazu müssen der KI beide Quellen zur Verfügung gestellt werden, woraufhin diese z. B. erste Empfehlungen für Vergleichskriterien vorschlägt. Der Vorteil für die Lehrkraft liegt hier in der Zeitersparnis, denn ChatGPT kann in Sekundenbruchteilen z. B. Vergleichskriterien vorschlagen, die bei der manuellen Erschließung wesentlich mehr Zeit in Anspruch nehmen würden. Zudem kann die KI eine Vielzahl von Kriterien vorschlagen, die eine menschliche Person möglicherweise übersehen würde. Kritisch zu berücksichtigen ist, dass ChatGPT nicht immer die Tiefenstrukturen oder Subtilitäten eines Textes erfassen kann. Es besteht die Gefahr, dass wichtige Aspekte übersehen werden. Zudem könnte eine zu starke Abhängigkeit von ChatGPT dazu führen, dass die Fähigkeit zur manuellen Quellenanalyse abnimmt. Aufgrund dessen sollten die Vorschläge von ChatGPT als Startpunkt oder Inspiration dienen, aber die endgültige Analyse und Interpretation immer noch von der Lehrkraft und den Lernenden geleistet werden.
Konstruktionshinweise	Es ist elementar, dass die zu analysierenden Texte im Wortlaut bereitgestellt werden. Auch wenn es sich um eine sehr bekannte Quelle wie die Sportpalastrede von Goebbels handelt, darf nicht angenommen werden, dass die KI den Text bereits kennt. Die KI wird möglicherweise bejahen, dass sie die Rede kennt, bei einer Analyse jedoch falsche Analyseergebnisse produzieren und sogar falsche Zitate halluzinieren. Dies liegt daran, dass die KI auf Daten trainiert wurde, die zwar Informationen zur Quelle oder sogar Auszüge davon enthalten könnten, aber die KI vermag nicht zu unterscheiden, welche Trainingsdaten Teil jener Quelle sind und welche nur erläuternder Kommentar. Wenn im Fließtext Zeilennummern angegeben sind – dazu reicht es schon, im Prompt-Feld an den entsprechenden Stellen 5,10,15,20 in den Fließtext zu schreiben – kann ChatGPT sogar auf konkrete Zeilen verweisen. Es ist möglich, dass ein Text zu umfangreich für ChatGPT3.5 ist, in diesem Fall kann es helfen, die kostenpflichtige Variante (derzeit 4.0) zu verwenden, welche größere Textmengen verarbeiten kann. Sind die Texte bereitgestellt, führt Kleinschrittigkeit zu den besten Ergebnissen. Nach einer ersten Anfrage (Prompt #3) können weitere Ergebnisse verlangt oder (#4) diese am Text belegt werden (#5). Auch eigene Kriterien, welche die KI nicht vorschlägt, sind ergänzbar (#7). Es ist auch hier stets empfehlenswert, mehrere Antworten zu generieren und zu vergleichen.
Prompt	1. Ich habe zwei Zeitungsberichte zur Ernennung Hitlers zum deutschen Reichskanzler. Hier ist nachfolgend der erste Bericht eingefügt: [Q1]. 2. Hier ist nachfolgend der zweite Bericht eingefügt: [Q2]. 3. Anhand welcher inhaltlichen Kriterien kann man die beiden Berichte vergleichen? 4. Schlage fünf weitere Kriterien vor. 5. Belege deine Ergebnisse mit wörtlichen Zitaten in Anführungszeichen („Beispiel") aus den Originaltexten. 6. Bitte nenne andere Textbelege für die Kriterien 5 und 6. 7. Ergänze das Kriterium „[...]".
Schwierigkeitsgrad	1 (Leicht)
Digitales Zusatzmaterial	ABs mit den Quellentexten

M1 Tabellarischer Vergleich – Zwei Textquellen zur Ernennung Hitlers zum Reichskanzler

Kriterium	Vorwärts	Völkischer Beobachter
Ton und Sprache	Alarmierend, warnend und kritisch.	Verherrlichend, feierlich, triumphierend.
Textbeleg	*„Hitler – das ist der Bandenführer gegen die deutsche Arbeiterbewegung."*	*„Der 30. Januar wird einmal eingehen in die Geschichtsschreibung als […]"*
Urteil: Hitler	Betont Hitlers Rolle als Feind der Demokratie und der Arbeiterbewegung.	Stellt Hitler als heroischen Führer und Erneuerer dar.
Textbeleg	*„Ein Kabinett Hitler – das ist der Wille Hitlers – soll das Sprungbrett für die faschistische Diktatur sein!"*	*„Nach 14 Jahren unerhörter Opfer und Arbeit steht Adolf Hitler heute an jener Stelle, die ihm seit Langem gebührte."*
Urteil: Neue Regierung	Sieht das Kabinett als Bedrohung der Verfassung und als Vertreter von großkapitalistischen Interessen.	Feiert die neue Regierung als Anfang eines erneuerten, stolzen Deutschlands.
Textbeleg	*„Das neue Kabinett, die Schöpfung Franz von Papens, ist ein ausgesprochenes Kabinett der Harzburger Front."*	*„Denn in der prunklosen Stille des […] 30. Januar 1933 wurde der Grundstein zum Neubau Deutschlands gelegt!"*
Urteil: Hindenburg	Kritisiert Hindenburgs Entscheidung, Hitler zu ernennen.	Lobt Hindenburgs Weisheit und Vision mit der Ernennung Hitlers.
Textbeleg	*„Der Reichspräsident hat mit der Ernennung […] die furchtbarste Verantwortung übernommen"*	*„Deutschland rechnet es dem greisen Reichspräsidenten von Hindenburg ehrfurchtsvoll zu hoher Ehre an."*
Urteil: Politische Gegner	Warnt vor den Gefahren, die von den politischen Gegnern ausgehen.	Greift die Gegner direkt an und verspricht, ihre „Hetze" zu beenden.
Textbeleg	*„Ob Papen oder Hitler – das […] bedeutet beides eine Bedrohung der Verfassung."*	*„Jetzt ist Schluß mit der Hetze dieser Elemente, jetzt wird auf allen Gebieten das Saubermachen beginnen."*
Bezugnahme auf Geschichte	[In der ungekürzten Version des Artikels vom 29.01. werden individuelle Taten von Hitler und Papen kritisch beleuchtet.]	Verweist auf die Dolchstoßlegende und die „Schande von 1918", die gesühnt werden müsse.
Textbeleg	*„Die Situation ist voller Gefahren."*	*„nach dem Dolchstoß der Novemberverbrecher"*
Bezugnahme auf Verfassung	Betont die Verfassung als schützenswertes Gut und warnt vor ihrer Bedrohung durch das Hitler-Papen-Kabinett.	Erwähnt die Verfassung nicht explizit, aber die feierliche Darstellung der Ernennung Hitlers und die heroische Sprache implizieren eine Überwindung der bisherigen Verfassungsordnung.
Textbeleg	*„eine Vergewaltigung der Verfassung!"*	*„Grundstein zum Neubau Deutschlands"*
Bezugnahme auf Vereidigung	Die Erwähnung des Eides auf die Verfassung hebt die Rechtsstaatlichkeit hervor und hinterfragt, ob der Eid ein Hindernis für den Weg zum Faschismus darstellen wird.	Betont die schnelle Vereidigung und die herzliche Form der Unterredung zwischen Hitler und Hindenburg, wodurch die Legalität bzw. Legitimität der neuen Regierung hervorgehoben wird.
Textbeleg	*„ob die Eide auf die Verfassung […] ein wirksames Hindernis darstellen."*	*„in herzlichster Form […]. Nach der Betrauung konnte dann auch die Vereidigung vorgenommen werden"*
Zukunftsprognose	Sieht eine gefährliche und unsichere Zukunft mit möglichen Angriffen auf die Demokratie.	Blickt optimistisch auf eine glorreiche Zukunft für Deutschland unter Hitler.
Textbeleg	*„Die Situation ist voller Gefahren."*	*„jetzt wird […] der Schutz der nationalen Ehre, der Schutz der Nation wiederhergestellt werden."*
Aufforderungen an die Leser	Ruft zur Verteidigung der Verfassung und der Rechte des Volkes auf.	Verkündet den Beginn einer neuen Ära und ruft zur Treue zu Hitler auf.
Textbeleg	*„Das Recht, die Verfassung, die Freiheit […] müssen verteidigt werden!"*	*„[…] da grüßen wir in alter Treue unseren Führer, der er immer bleiben wird […]"*

Generiert mit ChatGPT 4.0, leicht gekürzt

14. Hilfsmittel zur Formulierung von Arbeitsaufträgen

Intention	Unterstützung bei Unterrichtsplanung
Didaktisch-Methodische Hinweise	ChatGPT bietet unvergleichliche Möglichkeiten zur Unterstützung und Effizienzsteigerung in der Unterrichtsplanung. Ein solcher Ansatz ist z. B. die Nutzung der KI zur Formulierung von operationalisierten Arbeitsaufträgen. Die von ChatGPT generierten Arbeitsaufträge sollten Lehrkräften als Inspirationsquelle dienen und keinesfalls ungeprüft oder gar ungesehen übernommen werden. Es ist von essenzieller Bedeutung, dass jede Lehrkraft die Vorschläge kritisch betrachtet und an den Kontext ihrer Klasse sowie die spezifischen Lernziele anpasst. Ziel dieses Vorschlags ist es, den Lehrenden eine Hilfestellung zur zeitökonomischen Vorbereitung ihres Unterrichts zu bieten, unter der die Qualität des Unterrichtsmaterials nicht leiden darf. Sind Arbeitsaufträge gewünscht, die sich direkt auf ein bestimmtes Material beziehen, sollten Sie dieses direkt via Copy & Paste bereitstellen. Fügt man vorab bspw. den Originaltext des deutsch-sowjetischen Nichtangriffspaktes von 1939 ein, kann ChatGPT detaillierte Arbeitsaufträge erstellen, die direkt und spezifisch auf die Inhalte zugeschnitten sind. Für eine breitere, weniger spezifische Herangehensweise kann man ChatGPT alternativ einen allgemeinen Prompt geben. Bei dem Prompt „Formuliere Arbeitsaufträge zum deutsch-sowjetischen Nichtangriffspakt." würde die KI nun auf Basis ihrer trainierten Daten und ohne direkten Bezug auf einen spezifischen Text Arbeitsaufträge generieren. Dies hat kann zur Folge haben, dass die Arbeitsaufträge ggf. nicht nur mithilfe des Quellentextes lösbar sind, sondern noch weitere Materialien erfordern. Die Auseinandersetzung mit Arbeitsaufträgen, die nicht unmittelbar durch einen einzelnen Quellentext lösbar sind, kann einen wertvollen didaktischen Ansatz darstellen. Es zwingt die Lernenden dazu, heuristisch zu überlegen und kritisch zu reflektieren, welche zusätzlichen Quellen oder Darstellungen erforderlich sind, um die gestellte Aufgabe zu bewältigen. Dieser Prozess – das Nachdenken über und das Suchen nach relevanten Informationen – ist ein zentrales Element des historischen Denkens. Im Idealfall führt diese heuristische Herangehensweise dazu, dass die Lernenden eigenständig in Schulbüchern oder im Internet recherchieren. ChatGPT bietet nicht nur die Möglichkeit, Arbeitsaufträge zu erstellen, sondern kann auch Textmaterial generieren, das notwendige Informationen zur Lösung dieser Aufträge bereithält (Prompt 4). Dies kann besonders nützlich sein, wenn man ergänzende Inhalte oder eine verdichtete Zusammenfassung eines komplexen Themas benötigt. Allerdings ist es von entscheidender Bedeutung, dass Lehrkräfte solche generierten Texte kritisch prüfen, da Fehler oder Auslassungen auftreten können. Ein solcher Text wäre auf Basis dessen formuliert, was die KI selbst als Lösung nennen würde. Es liegt daher in der Verantwortung der Lehrkraft, die Richtigkeit, Vollständigkeit und Angemessenheit des generierten Materials zu gewährleisten und sicherzustellen, dass es den Lernzielen und dem Bildungsstandard entspricht. Ein Feature, welches nur in der kostenpflichtigen Version von ChatGPT zur Verfügung steht, ist die Option, Plugins zu nutzen. Das Plugin „VoxScript" ermöglicht bspw. das automatisierte Einbinden der Transkripte von YouTube-Videos, indem lediglich der Link im Chatfenster genannt wird. Lehrkräfte können somit auf Basis dieses Transkripts Arbeitsaufträge formulieren lassen, die speziell und ausschließlich auf die Inhalte des jeweiligen Videos zugeschnitten sind. Auch hier ist jedoch Vorsicht geboten, da die Untertitel überwiegend von Youtube automatisch generiert werden und daher fehleranfällig sein können. Diese Fehler würde die KI auswerten und darauf basierend Arbeitsaufträge vorschlagen.

Konstruktionshinweise	Beginnen Sie, indem Sie ChatGPT die im jeweiligen Bundesland gültige Liste mit den fachspezifischen Operatoren bereitstellen. Auch aus PDF-Dateien kopierte und im Promptfeld eingefügte Tabellen werden von der KI korrekt verarbeitet. Es ist unerlässlich zu betonen, dass die Definitionen der fachspezifischen Operatoren, oft sowohl komplex als auch prägnant sind. Dies birgt das Risiko, dass sie von einer KI wie ChatGPT missverstanden werden können. Besonders bei Operatoren wie „interpretieren", „beurteilen", „bewerten" und „erörtern" kann dies zu Fehlinterpretationen führen, die den pädagogischen Wert eines Arbeitsauftrags beeinträchtigen könnten. Um dieses Risiko zu minimieren, empfiehlt es sich, die Definitionen der Operatoren zusätzlich zu erläutern. Durch das Hinzufügen solcher Kontextinformationen kann ChatGPT effizienter und präziser agieren. Zusammengesetzte oder mehrteilige Operatoren wie „herausarbeiten", „einordnen" oder „Stellung nehmen" stellen eine besondere Herausforderung dar. Teilweise macht die KI sprachliche Fehler, wenn sie diese Operatoren an den Anfang eines Arbeitsauftrages stellen soll. Hier können Beispielformulieren Abhilfe schaffen.
Prompt	[Operatoren-Liste einfügen] Ich möchte im Geschichtsunterricht die nachfolgende Quelle analysieren: [...]. *Alternativ*: Ich möchte im Geschichtsunterricht den deutsch-sowjetischen Nichtangriffspakt behandeln. *Alternativ*: Ich möchte im Geschichtsunterricht das Video [...] behandeln. Entwickle 10 operationalisierte Arbeitsaufträge. Die Arbeitsaufträge sollten die Lernenden dazu anregen, kritisch über die Ereignisse nachzudenken, Querverbindungen zu anderen geschichtlichen Entwicklungen herzustellen und die Bedeutung der beschriebenen Geschehnisse im Kontext der Gesamtgeschichte zu reflektieren. Du musst alle 10 Arbeitsaufträge so formulieren, dass sie immer mit einem der oben genannten Operatoren beginnen. Die Formulierung soll nicht nach dem Schema „Operator: (...)" aufgebaut sein. Die Arbeitsaufträge müssen alle drei Schwierigkeitsgrade (AFB-Bandbreite) abdecken. Du musst nicht für jeden einzelnen Arbeitsauftrag den Anforderungsbereich benennen. Um einen auf die vorab formulierten Arbeitsaufträge zugeschnittenen Text zu formulieren: Verfasse einen kohärenten, konsistenten, zusammenhängenden Sachtext, der sämtliche Informationen enthält, die notwendig sind, damit Lernende die von dir vorgeschlagenen Arbeitsaufträge [1,2,3,5... oder konkrete Arbeitsaufträge im Wortlaut nennen] lösen können. Ergänze einen Arbeitsauftrag, der die Lernenden auffordert, den Text kritisch zu beurteilen, da er KI-generiert ist.
Schwierigkeitsgrad	2 (Mittel)
Digitales Zusatzmaterial	Unten stehendes AB als Kopiervorlage ohne didaktischen Kommentar. Für Nr. 7-10 werden weitere Quellen oder Darstellungen neben dem Nichtangriffspakt benötigt. Die Lernenden könnten diese im Schulbuch oder in digitalisierten Zeitungen, z. B. dem Völkischer Beobachter, recherchieren.

M1 Der „Hitler-Stalin-Pakt"

1. Analysiere den jeweiligen Zweck der einzelnen Artikel des Nichtangriffsvertrags.
2. Begründe, warum die beiden Parteien trotz ihrer ideologischen Unterschiede einen solchen Vertrag unterzeichnet haben könnten.
3. Ordne den Pakt in den historischen Kontext der Vorkriegsdiplomatie ein.
4. Beschreibe die Bedingungen des geheimen Zusatzprotokolls.
5. Erläutere, warum das geheime Zusatzprotokoll nicht im Hauptvertrag enthalten war.
6. Nimm Stellung, ob der Pakt als Wendepunkt in der Geschichte Europas betrachtet werden kann.
7. Charakterisiere die Reaktionen anderer europäischer Politiker auf den Abschluss des Paktes.
8. Charakterisiere die Reaktionen der Bevölkerung in Deutschland und der Sowjetunion auf die Nachricht vom Abschluss des Pakts.
9. Vergleiche die Motive von Hitler und Stalin für den Abschluss dieses Paktes mit ihren öffentlichen Erklärungen und Reden.
10. Beurteile die Plausibilität der offiziellen Begründungen, die von Deutschland und der Sowjetunion für den Abschluss des Hitler-Stalin-Paktes angeführt wurden.

15. Hilfsmittel zur sprachlichen Unterstützung (Scaffoldings)

Kompetenzschwerpunkt	Methodenkompetenz (Sprachliche Darstellung fachspezifischer Sachverhalte)
Didaktisch-Methodische Hinweise	Abhängig von der Aufgabenstellung werden den Lernenden zu einem inhaltlichen Gegenstand (z.B. Kolonialismus) oder einer methodischen Vorgehensweise (z.B. Karikaturanalyse) sprachliche Mittel bereitgestellt, die eine eigenständige Problemlösung ermöglichen. Es sollte darauf geachtet werden, dass diese sprachlichen Mittel auf inhaltlicher Ebene nicht zu viel vorwegnehmen. Didaktisch sinnvoll ist es, ein Überangebot an Formulierungshilfen bereitzustellen, da erst dann ein eigenständiger Denkprozess stattfindet, wenn die sprachlichen Mittel nicht blind als Fahrplan übernommen, sondern angeeignet, reflektiert und dann selektiert werden. Die Eigenleistung der Lernenden besteht in der Reflexion der Funktionalität der sprachlichen Mittel für den eigenen Bedarf. Gelegentlich führt die KI Synonyme an, die streng genommen nicht synonym verwendet werden können, z. B. Kolonialismus und Imperialismus. Dass die KI diese Begriffe als Synonyme vorschlägt, kann Gegenstand einer inhaltlichen Reflexion sein. Die Begriffe sollten von den Lernenden nicht unreflektiert als Synonyme aufgefasst werden, daher ist es wichtig, vor der Anwendung der sprachlichen Hilfestellungen darauf hinzuweisen. Das große Lernpotenzial liegt hier in der nun erforderlichen vertiefenden Auseinandersetzung mit den Begriffen: die Lernenden müssen eigenständig entscheiden – ggf. unter Zuhilfenahme eines Glossars aus dem Schulbuch – welcher Begriff sich für ihr Vorhaben am besten eignet. Die „relevanten Formulierungsbeispiele" im Anschauungsmaterial gehen sehr ins Inhaltliche, derartige Hilfestellungen sollten daher mit Augenmaß in Lerngruppen eingesetzt werden, die darauf angewiesen sind. Solche sprachlichen Gerüste müssen sich nicht auf den Einsatz bei schriftlichen Aufgaben beschränken, sondern können z. B. auch bei der Vorbereitung und Durchführung von Rollenspielen nützlich sein. ChatGPT kann zur Differenzierung auch als Übersetzungstool genutzt werden. Die KI bietet den bedeutenden Vorteil, insbesondere für Flüchtlinge und andere Lernende mit unterschiedlichen sprachlichen Hintergründen, dass sie den Inhalt und Kontext eines Textes „versteht" und so eine präzisere und kohärentere Übersetzung liefern kann. Dadurch werden sprachliche Barrieren verringert und ein besseres Verständnis der Inhalte gefördert.
Konstruktionshinweise	Die KI braucht als Information, zu welchem Inhalt sie sprachliche Hilfestellungen formulieren soll. Ebenfalls möglich ist, dass nur Fachbegriffe gelistet werden sollen, in dem Fall beschränkt sich die KI im Beispiel auf z. B. Kolonialismus und Restitution. Bei der Vorgabe, dass lediglich Begriffe und Verben genannt werden sollen, ist die Gefahr, dass auf inhaltlicher Ebene zu viel vorweggenommen wird, eher gering. Die Anzahl Synonyme, die genannt werden soll, kann beliebig variiert werden. Die bereitgestellten Hilfestellungen können auch beliebig erweitert werden um z. B. „passende Konnektoren", „passende Satzanfänge", „relevante wertende Adjektive", „Formulierungen, die Ursache und Wirkung ausdrücken" oder auch „Formulierungen, um Gemeinsamkeiten und Unterschiede darzustellen".
Prompt	Ich möchte einen Text zu der Frage schreiben, ob Deutschland koloniale Raubgüter zurückgeben sollte. Generiere sprachliche Hilfestellungen, um so einen Text zu schreiben. Gliedere die Hilfestellungen in: 1. Relevante Begriffe. Nenne jeweils zwei Synonyme. 2. Relevante Verben. Nenne jeweils zwei Synonyme. 3. Relevante Satzanfänge (10 Stück) mit jeweils 3 bis 5 Wörtern. 4. Relevante Formulierungsbeispiele (stichpunktartig)
Schwierigkeitsgrad	1 (Leicht)
Digitales Zusatzmaterial	Die Kopiervorlage ohne die relevanten Formulierungsbeispiele.

copy

M1 Sprachliche Hilfestellungen

Relevante Begriffe:
• Kolonialismus (Imperialismus, Kolonisation) • Raubgut (Beutegut, gestohlenes Kulturgut) • Restitution (Rückführung, Rückgabe) • Kulturerbe (Kulturgut, kulturelles Erbe) • Dekolonisierung (Entkolonialisierung, Postkolonialismus) • Enteignung (Verstaatlichung, Entzug) • Eigentum (Besitz, Besitztum) • Entschädigung (Vergütung, Kompensation) • Schadensersatz (Entschädigung, Wiedergutmachung) • Verantwortung (Haftung, Pflicht)
Relevante Verben:
• fordern (verlangen, beanspruchen) • diskutieren (debattieren, erörtern) • zurückgeben (restituieren, rückführen) • anerkennen (bestätigen, akzeptieren) • enteignen (entziehen, verstaatlichen) • rauben (plündern, stehlen) • erstatten (ausgleichen, zurückzahlen) • verweigern (ablehnen, verneinen) • respektieren (achten, achten auf) • entschädigen (vergüten, ausgleichen)
Relevante Satzanfänge:
• Aus historischer Perspektive ... • Es ist unumstritten, dass ... • Die Frage, ob Deutschland ... • Eine Rückgabe der kolonialen Raubgüter ... • Angesichts der aktuellen Debatte ... • Die Debatte um die Rückgabe von ... • Ein wichtiger Aspekt bei der Entscheidung ... • Die Rückgabe kolonialer Raubgüter ist ein ... • In Anbetracht der Kolonialgeschichte ... • Im Zentrum der Diskussion steht ...
Relevante Formulierungsbeispiele (stichpunktartig):
• Rückgabe der kolonialen Raubgüter als notwendiger Schritt der Wiedergutmachung • Verantwortung Deutschlands für die Folgen des Kolonialismus • Anerkennung des Leids und Schadens, der den kolonisierten Ländern zugefügt wurde • Recht auf kulturelle Selbstbestimmung und Rückführung von gestohlenem Kulturgut • Symbolische Bedeutung der Rückgabe für das deutsch-afrikanische Verhältnis • Kritik an der bislang unzureichenden Restitution von Raubgütern • Frage nach der Umsetzbarkeit der Rückgabe und notwendigen Rahmenbedingungen

Generiert mit ChatGPT 4.0

Aufgabe:

Die Tabelle enthält sprachliche Anregungen, um einen Text zu der Frage zu verfassen, ob Deutschland koloniale Raubgüter zurückgeben solle. Die Nomen und Verben, die in Klammern angeführt sind, haben eine ähnliche, aber nicht immer exakt dieselbe Bedeutung. Entscheide bewusst, welche Bedeutung in deinem Text am besten passt. Wenn du bzgl. der exakten Bedeutung unsicher bist, nutze das Glossar in deinem Schulbuch oder das Internet.

1. Nimm Stellung zu der Frage, ob Deutschland koloniales Raubgut zurückgeben sollte. Nutze M1.

16. Hilfsmittel zur Analyse von Bildquellen

Kompetenzschwerpunkt	Methodenkompetenz (Analyse Bildquellen)
Didaktisch-Methodische Hinweise	Anhand einer möglichst detaillierten Beschreibung kann ChatGPT erstaunlich gut politische Karikaturen interpretieren. Zuerst erfolgt eine allgemeine Deutung, an die sich präzise Nachfragen zu einzelnen Details anschließen sollten. Auch wenn die Antworten nicht in jedem Fall ganz ins Schwarze treffen, sind es doch hilfreiche Denkanstöße für die Lernenden. Durch dieses Nachfragen wird der Blick für oftmals vernachlässigte Details geschärft: Warum blickt der Bär den Betrachter an? Warum ist Stacheldraht auf dem Zaun? Warum ist der Zaun so hoch, dass die Arbeiter eine Leiter benötigen? Allerdings hat die KI auch Grenzen und bringt z. B. die Knochen rechts des Bären nicht unmittelbar damit in Verbindung, dass dies Hinweise darauf sein könnten, dass der sowjetische Bär diverse Sowjetrepubliken aufgefressen, das heißt sich einverleibt hat. Auch mögliche Bezüge dazu, dass der sowjetische Bär bspw. bereits Polen 1939 oder Finnland im Winterkrieg ‚verspeist' hat, werden nicht gezogen. Lernende können ChatGPT nutzen, um die Glaubwürdigkeit und Zuverlässigkeit von Karikaturen und Bildquellen kritisch zu hinterfragen. Dazu können sie Fragen stellen wie: Welche Absicht verfolgt der Künstler? Wie repräsentativ ist die Darstellung? Welche Perspektive wird eingenommen? Die kritische Auseinandersetzung mit diesen Fragen und den Antworten der KI fördert das Verständnis für die verschiedenen Dimensionen von Quellenkritik und die Bedeutung von Kontext und Perspektive in der Geschichtswissenschaft. Ebenfalls für den Unterricht interessant ist die Methode, Lernende mit bzw. gegen ChatGPT eine nur teilweise vorgegebene Karikatur ergänzen zu lassen. Beschreibt man hier nur die obere Bildhälfte mit dem Zaun, schlägt die KI vor: „In der unteren Bildhälfte steht ein Mann mit erhobenem Zeigefinger – er ist gekleidet wie ein Cowboy – und spricht zu den Bauarbeitern: „No Trespassing, eh?" In seiner Hand hält er ein Schild mit der Aufschrift „Open Door Policy". [...] Der Cowboy und sein Schild mit der „Open Door Policy" stellen die Idee der offenen Türen und freien Zusammenarbeit zwischen Staaten dar. Die Karikatur kritisiert somit den Aufbau von Militärbündnissen als eine Abkehr von internationaler Zusammenarbeit und Diplomatie." Eine alternative Vorgehensweise ist, der KI keine Beschreibung der Karikatur zu geben, sondern lediglich Nachfragen zu einzelnen Bildelementen zu stellen: Auf die Frage „Wofür steht eine rote Ballonmütze in Karikaturen?" werden zahlreiche sinnvolle Möglichkeiten aufgelistet. Mithilfe weiterer Nachfragen wie „Warum kann eine rote Ballonmütze in Karikaturen ein Symbol für die Arbeiterklasse sein?" erläutert ChatGPT historische Hintergründe und begründet die genannte Interpretationsmöglichkeit. Auch die Relevanz der formalen Analyse lässt sich mit ChatGPT erfahren: Erwähnt man, dass eine Karikatur z. B. in der sowjetischen Zeitschrift „Krokodil" erschienen ist, erklärt die KI, dass es sich um eine staatlich kontrollierte Zeitschrift handelte und die Karikatur somit die politische Position der Staatspartei repräsentiere. Die o.g. Anregungen lassen sich analog auf viele Arten von Bildquellen, z. B. Karikaturen, Werbeanzeigen, Geldscheine oder Wahlplakate anwenden. Mit ChatGPT4.0 wurde bereits angekündigt, dass in Zukunft die Möglichkeit bestehen wird, dass die KI Bilder direkt einlesen und erkennen kann.
Konstruktionshinweise	Für optimale Ergebnisse sollten Bildbeschreibung und Nachfragen möglichst detailreich und präzise sein.
Prompt	Siehe Kopiervorlage.
Schwierigkeitsgrad	1 (Leicht)
Digitales Zusatzmaterial	Hochauflösendes Bild der Karikaturen, digital annotierte Version auf Genial.ly Ergänzendes AB mit einer russischen Karikatur zum selben Inhalt

M1 Silvey Jackson Ray: Against Trespassers Only

Quelle: Kansas City Star, 13.4.1949

Aufgaben:

Verfasse mithilfe von ChatGPT eine ausführlicher Karikaturanalyse, die sich in die Schritte Beschreibung, Deutung, Bewertung gliedert. Beziehe den historischen Kontext in die Deutung mit ein.

1. Formuliere eine möglichst detailreiche und präzise Bildbeschreibung für die KI. Nenne auch die formalen Merkmale.
2. Überprüfe die anschließende Interpretation der KI und optimiere diese. Stelle gezielte Nachfragen zu einzelnen Bild- oder Textelementen. Beziehe jedes Detail in deine eigene Analyse ein.
3. Bewerte, ob du der intendierten Aussage des Karikaturisten zustimmst oder diese ablehnst. Du kannst ChatGPT nutzen, um Pro- oder Contra-Argumente zu sammeln, musst letztendlich aber selbst aufgrund deiner eigenen Wertmaßstäbe entscheiden.
4. Sprinteraufgabe: Beurteile den Gegenwartsbezug dieser Karikatur. Erörtere dazu zunächst, ob sie auch heute noch relevante politische Themen oder Konflikte anspricht.

Differenzierung:
Hinweise zu Nr. 2: Mimik, Blickrichtung des Bären; Notwendigkeit der Leitern, des Stacheldrahtes; Bedeutung der Knochen, des steinigen Bodens, der Tropfen am Maul des Bären, der Schirmmütze, des Titels.

17. Hilfsmittel zur Analyse von Sachquellen

Kompetenzschwerpunkt	Methodenkompetenz (Analyse Sachquellen)
Didaktisch-Methodische Hinweise	Ähnlich wie bei Bildquellen kann die KI anhand einer präzisen Beschreibung auch hilfreiche Aussagen zu Sachquellen generieren, die bei einer eigenständigen Analyse helfen sollen. Oftmals bietet die KI einen Überblick über mehrere mögliche Theorien: befragt nach der Bedeutung einer Biene auf antiken griechischen Münzen erklärt sie, dass die Biene sowohl ein Symbol für die Naturgöttin Artemis, aber auch ein Symbol für Zusammenarbeit sein könne. Ferner könne es eine rein künstlerische Entscheidung sein, da die Biene ein beliebtes Motiv in der griechischen Kunst gewesen sei. Die Lernenden sind hier herausgefordert, zu entscheiden, welche Theorie(n) ihnen am schlüssigsten erscheint und wie diese mit den anderen Analyseergebnissen zu ihrer Münze am besten harmoniert. Der Vorteil gegenüber einer eigenständigen Recherche nach den Symbolen der Münzen liegt hier zum einen im Motivationspotenzial, zum anderen darin, dass die KI sehr spezifisch auf konkrete Fragen der Lernenden zu einzelnen Details eingehen kann. Die KI fungiert somit als Mittel der didaktischen Reduktion, um auf eine zielgerichtete, eigenständige Recherche vorzubereiten: die kritische Überprüfung der mithilfe der KI erzielten Analyseergebnisse kann wesentlich schneller erfolgen als eine freie Recherche im Internet, die oftmals einen längeren Suchprozess voraussetzt, der ggf. sehr ausschweifende oder zu wenig präzise Ergebnisse liefert. Eine solche kritische Überprüfung der Aussagen der KI sollte unbedingt ergänzt werden. In unteren Jahrgangsstufen ist zu empfehlen, konkrete Rechercheziele zu fachwissenschaftlich verlässlichen Darstellungen vorzugeben, anhand derer die bisherigen Analyseergebnisse verglichen werden können. In höheren Jahrgangsstufen sollten die Lernenden eigenständig in der Lage sein, zu beurteilen, welche Webseiten als zuverlässige Informationsquellen herangezogen werden können, um ihre Ergebnisse zu überprüfen. Abschließend gilt es zu reflektieren, ob die KI bei der Analyse hilfreich war und wo die Lernenden Chancen und Grenzen hinsichtlich ihrer Nutzung zur Analyse historischer Sachquellen sehen. Im vorliegenden Anschauungsmaterial empfiehlt sich ein arbeitsteiliges Vorgehen, bei ausreichend zeitlichem Spielraum können die Lernenden – auch in Partnerarbeit – aber auch alle drei Münzen untersuchen. Der Einsatz von ChatGPT beschränkt sich nicht nur auf antike griechische Münzen. Die KI kann auch bei der Analyse anderer historischer Sachquellen eingesetzt werden, wie zum Beispiel Keramik oder Skulpturen. Die Lernenden könnten dazu ermuntert werden, weitere Sachquellen zu untersuchen und ihre Ergebnisse miteinander zu vergleichen.
Konstruktionshinweise	Keine konkreten Konstruktionshinweise, da die Lernenden die KI eigenständig nutzen sollen. Empfehlenswert ist es, als Lehrperson vorab die Rolle eines Lernenden einzunehmen und zu überprüfen, welche Ergebnisse die KI zur entsprechenden Sachquelle liefern kann. Dadurch sind Sie vorbereitet auf eventuelle methodische oder inhaltliche Nachfragen der Lernenden. Es ist ebenfalls ratsam, eine zuverlässige Informationsquelle vorzubereiten, anhand derer die Lernenden die Aussagen der KI kritisch überprüfen können.
Prompt	Entsprechende Anregungen für die Lernenden finden sich im Anschauungsmaterial.
Schwierigkeitsgrad	1 (Leicht)
Digitales Zusatzmaterial	Die QR-Codes führen zu Muenzen-Online.com, dort sind auf fachwissenschaftliche Literatur gestützte Analysen der drei Münzen zu finden.

M1 Erster Münzfund

Quelle: cgb.fr (CC-BY-SA 3.0)

M2 Zweiter Münzfund

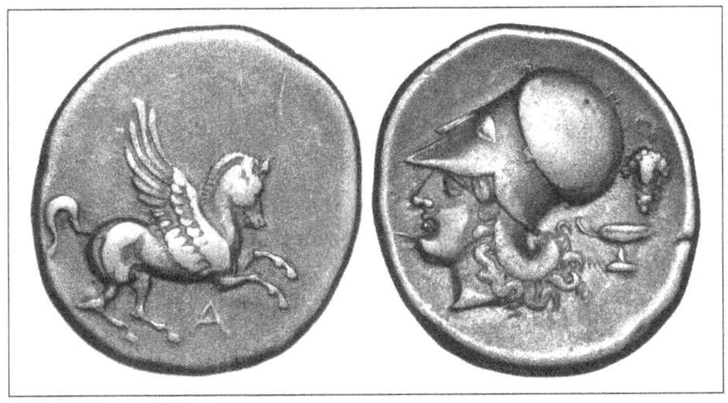

M3 Dritter Münzfund

Quelle: cgb.fr (CC-BY-SA 3.0)

Du warst in den Sommerferien an verschiedenen Orten. Du Glückspilz hast drei antike Münze gefunden! Leider weißt du nicht mehr genau, wo du welche Münze gefunden hast. Um dies und mehr über deine Münzen herauszufinden, nutzt du die Künstliche Intelligenz ChatGPT.

Aufgaben:

1. Beschreibe die Münze möglichst präzise und mit allen Details, sodass die KI weiß, wie die Münze aussieht, die du gefunden hast.
2. Interpretiere die einzelnen Motive auf der Münze, indem du die KI um eine Erklärung bittest, warum z. B. ein Mann mit Sonnenstrahlen um seinen Kopf auf der dritten Münze abgebildet ist.

   Tipp: Wenn du nicht genau weißt, was auf einer Münze abgebildet ist, befrage die KI. Du kannst z. B. fragen, um welche Blume es sich bei der dritten Münze handeln könnte.

3. Entwickle mithilfe der KI eine Einschätzung zu Alter und Herkunft der Münze.
4. Die Künstliche Intelligenz kann auch Fehler machen. Problematisch ist, dass sie keine Quellen für ihre Informationen nennt. Vergleiche deine Ergebnisse daher überprüfend mit zuverlässigen Quellen, die du über den QR-Code findest. Korrigiere falsche und ergänze fehlende Informationen.
5. Begründe, wo du welche Münze gefunden haben könntest.
6. Nimm Stellung dazu, ob die KI geeignet war, deine Münze zu untersuchen.
7. Sprinteraufgabe 1: Befrage die KI nach weiteren typischen Münz-Motiven aus dem antiken Griechenland. Fasse Motiv, symbolische Bedeutung und wahrscheinliche Herkunft zusammen.
8. Sprinteraufgabe 2: Überprüfe deine Ergebnisse aus Aufgabe 7 durch eigene Recherche. Lassen sich entsprechende Münzen mit den Motiven finden? Stimmen Symbolik und Herkunft?

18. Hilfsmittel zur Analyse von Textquellen und Darstellungen

Kompetenzschwerpunkt	Methodenkompetenz (Analyse Textquellen und sprachliche Darstellungen)
Didaktisch-Methodische Hinweise	Eine textgenerierende KI kann verschiedene Formen der Differenzierung, z. B. Materialdifferenzierung, Aufgabendifferenzierung oder Lernhilfen bedienen. Hinsichtlich der Materialdifferenzierung lassen sich Texte anhand verschiedener Kriterien, z. B. Umfang, Komplexität, Fachvokabular, Sprache variieren. So kann die KI sprachlich überfordernde Textquellen umformulieren und für die Lernenden zugänglicher machen. Beide Textversionen sollten präsentiert werden, sodass die Lernenden eigenständig entscheiden, welche Version sie bearbeiten möchten. Es können auch beide Texte in einem kritischen Vergleich bearbeitet werden, so kann zunächst das Original erschlossen und anschließend überprüft werden, ob sich das eigene Textverständnis mit dem der KI deckt. Dieser Prozess kann auch in umgekehrter Reihenfolge stattfinden, indem zunächst die zugänglichere Version der KI analysiert wird, um anschließend zu untersuchen, ob sich die inhaltlichen Aussagen mit der Originalquelle belegen lassen. Zu problematisieren ist, dass die KI bei der Umformulierung Schlüsselbegriffe, implizit wertende Formulierungen, Ironie usw. ignorieren oder verändern könnte. Die KI ist jedoch nicht nur auf Umformulierungen beschränkt, sondern kann auch in vielen anderen Varianten das Textverständnis bzw. die Analyse von Texten unterstützen. Adamski schlägt bspw. vor (Adamski 2017, S. 86), alternative Angebote für sprachlich überfordernde oder zu umfangreiche Textquellen anzubieten. Derlei Texte lassen sich leicht und zuverlässig generieren, v.a. wenn der zu differenzierende Ausgangstext der KI bereitgestellt wurde: Dadurch kann die KI konkreter auf die benötigten Inhalte und das gewünschte Niveau abzielen. Zur Aufgabendifferenzierung können nach vorheriger Benennung eines groben Ziels verschiedene Aufgabenstellungen in unterschiedlicher Komplexität generiert werden. Es empfiehlt sich, der KI zur Formulierung einige Operatoren vorzugeben (s.u.). Der Befehl geschlossene, halboffene bzw. offene Aufgabenstellungen auszugeben, kann zu zweckdienlichen Ergebnissen führen. Ferner lassen sich verschiedene Aufgabenformate generieren, die eine tiefgreifende Auseinandersetzung mit den Texten bewirken sollen, z. B. Verständnis-, Multiple Choice- oder Wahr/Falsch-Fragen zum Ausgangstext. Auch ein Interview mit dem von der KI simulierten Textautor ist möglich (vgl. Vorschlag 22). Letztendlich können auch Lernhilfen, z. B. sprachliche Hinweise, Begriffserklärungen, Definitionen, Annotationen oder Zwischenüberschriften für Textabschnitte generiert werden (s. digitales Zusatzmaterial).
Konstruktionshinweise	Die Aufträge unten können weitestgehend übernommen werden, der Ausgangstext ist der KI entsprechend zur Verfügung zu stellen. Es empfiehlt sich zunächst zu viele Hilfen (Aufgaben, Fragen usw.) zu generieren, sodass Sie eine Auswahl treffen können.
Prompt	Wandle den nachfolgenden Text in einfache Sprache um: [...] Alternativ: Welches Leseniveau hat der nachfolgende Text? [...] Formuliere den Text in ein niedrigeres Leseniveau um. Ziel: Die Lernenden sollen aus dem nachfolgenden Text Gründe ableiten, warum [...]. Formuliere 5 mögliche Aufgabenstellungen, mit denen das o.g. Ziel erreicht werden kann. Die Aufgabenstellungen sollen mit einem der nachfolgenden Verben beginnen: analysieren, begründen, [...]. Generiere 5 Fragen zur inhaltlichen Überprüfung des Textverständnisses. Mögliche Ergänzung: Beziehe dich auf konkrete Textstellen und zitiere diese in der Frage. [...] Generiere 5 „Richtig/Falsch"-Fragen mit Lösung zum Text. [...] Erstelle 4 Multiple Choice Fragen mit je 4 Antwortmöglichkeiten zum Text. Teile den nachfolgenden Text in 4 Abschnitte auf und formuliere jeweils eine Überschrift für die Abschnitte: [...] Untersuche den nachfolgenden Text auf schwierige Begriffe. Erkläre sie knapp. [...]
Schwierigkeitsgrad	1 (Leicht)
Digitales Zusatzmaterial	Weitere Differenzierungsmöglichkeiten für das Beispielmaterial.

M1a Brief Friedrich Wilhelms IV. vom 23.12.1849 an Joseph von Radowitz

Jeder deutsche Edelmann [...] ist hundertmal zu gut dazu, um solch ein Diadem aus Dreck und Letten der Revolution, des Treubruchs und des Hochverrats geschmiedet, anzunehmen. Die alte, legitime, seit 1806 ruhende Krone deutscher Nation, das Diadem von Gottes Gnaden, das den, der es trägt, zur höchsten Obrigkeit Deutschlands macht, der man Gehorsam schuldet um des Gewissens willen, das kann man annehmen, wenn man in sich die Kraft dazu fühlt und die angeborenen Pflichten es zulassen. Die Krone aber vergibt kein anderer als Kaiser Franz Joseph, ich und unseresgleich und wehe dem, der es ohne uns versucht und wehe dem, der sie annimmt, wenn ihr Preis der Verlust eines Drittels von Deutschland und der edelsten Stämme unseres deutschen Volkes ist. Gott hilf uns! Amen.

Lautemann, Wolfgang; Schlenke, Manfred (Hg.): Geschichte in Quellen, Band 5, Das bürgerliche Zeitalter 1815–1914, München 1980, S. 221 f.

M1b Mit ChatGPT umformulierte Version

Jeder deutsche Adelige ist viel zu gut, um eine Krone anzunehmen, die aus dem Dreck und dem Verrat der Revolution gemacht wurde. Es gibt eine alte, legitime Krone für die deutsche Nation, die von Gott gesegnet ist und die den Träger zur höchsten Autorität in Deutschland macht. Man sollte sie nur annehmen, wenn man die Kraft dazu hat und es die eigenen Pflichten erlauben. Diese Krone kann nur von Kaiser Franz Joseph und Leuten wie ihm vergeben werden. Wir warnen jeden, der es ohne unsere Erlaubnis versucht und jeden, der sie annimmt, wenn der Preis dafür der Verlust eines Drittels von Deutschland und seiner besten Völker ist. Gott helfe uns! Amen.

Generiert mit ChatGPT 4.0

M2a Rede Friedrich Wilhelms IV. vom 3.4.1849 gegenüber der Deputation

Die Botschaft, als deren Träger Sie zu Mir gekommen sind, hat Mich tief ergriffen. [...] In dem Beschluß der deutschen National-Versammlung, welchen Sie, Meine Herren, Mir überbringen, erkenne Ich die Stimme der Vertreter des deutschen Volkes. [...] Aber, Meine Herren, Ich würde Ihr Vertrauen nicht rechtfertigen, Ich würde dem Sinne des deutschen Volkes nicht entsprechen, Ich würde Deutschlands Einheit nicht aufrichten, wollte Ich, mit Verletzung heiliger Rechte und Meiner früheren ausdrücklichen und feierlichen Versicherungen, ohne das freie Einverständniß der gekrönten Häupter, der Fürsten und freien Städte Deutschlands, eine Entschließung faßen, welche für sie und für die von ihnen regierten deutschen Stämme die entschiedensten Folgen haben muß. An den Regierungen der einzelnen deutschen Staaten wird es daher jetzt sein, in gemeinsamer Berathung zu prüfen, ob die Verfassung dem Einzelnen, wie dem Ganzen frommt, ob die Mir zugedachten Rechte Mich in den Stand setzen würden, mit starker Hand, wie ein solcher Beruf es von Mir fordert, die Geschicke des großen deutschen Vaterlandes zu leiten und die Hoffnungen seiner Völker zu erfüllen.

Hartwig, Wolfgang; Hinze, Helmut (Hg.): Deutsche Geschichte in Quellen und Darstellung, Band 7: Vom Deutschen Bund zum Kaiserreich, Stuttgart 1997, S. 333 f.

M2b Mit ChatGPT umformulierte Version

Die Nachricht, die Sie zu mir bringen, hat mich sehr berührt. Ich erkenne in dem Beschluss der deutschen Nationalversammlung, den Sie mir überbringen, die Stimme des deutschen Volkes. Aber ich möchte das Vertrauen, das man in mich setzt, nicht enttäuschen und den Wünschen des deutschen Volkes nicht entsprechen. Deshalb kann ich keine Entscheidung treffen, die die Rechte anderer verletzt und gegen meine früheren Versprechen geht, ohne die Zustimmung der anderen Regierungen in Deutschland. Es liegt nun an den Regierungen der einzelnen deutschen Staaten, gemeinsam zu besprechen, ob die Verfassung gut für alle ist und ob meine neuen Rechte es mir ermöglichen, das deutsche Vaterland erfolgreich zu führen und die Hoffnungen seiner Bürger zu erfüllen.

Generiert mit ChatGPT 4.0

Aufgaben:

M1a bzw. M2a sind Quellentexte, die in altertümlicher und formeller Sprache verfasst wurden. M1b bzw. M2b sind Versionen des Quellentextes, die von der Künstlichen Intelligenz ChatGPT sprachlich vereinfacht wurden.

1. Lest in Partnerarbeit M1 bzw. M2 und fasst die Gründe zusammen, warum Friedrich Wilhelm IV. die ihm angebotene Krone ablehnt.
2. Einzelarbeit: Vergleiche beide Textversionen (a/b). Markiere dazu Sätze mit der gleichen inhaltlichen Aussage in beiden Texten mit derselben Farbe. Verwende für jedes Satz-Paar eine unterschiedliche Farbe.
3. Beurteile, ob die KI den Text korrekt verstanden hat und die Aussagen in einfacher Sprache inhaltlich stimmig sind.
4. Partnerarbeit: Vergleicht nun beide Texte (M1/M2) und beurteilt, welche Quelle glaubhafter ist.

19. Analyse von Argumenten nach Toulmin

Kompetenzschwerpunkt	Urteilskompetenz (Denk- und Legitimationsmuster; Triftigkeit)
Didaktisch-Methodische Hinweise	Gibt man der KI einen argumentativen Text, kann diese sehr zuverlässig die Hauptthesen und die jeweiligen Argumente identifizieren. ChatGPT ist zwar nicht 100 Prozent zuverlässig, aber zuweilen kann die KI sogar korrekt unterscheiden zwischen Argumenten, die eine These begründen bzw. stützen und solchen Aussagen, die Beispiele zur Illustration bzw. Bekräftigung der Argumente enthalten. Der KI einen Text bereitzustellen und sodann Hauptthese sowie Argumente zu erhalten, bewirkt so zunächst keinen nennenswerten Lernfortschritt. Initiiert man so jedoch einen umfassenderen Analyseprozess, in dem die KI lediglich als Hilfsmittel dient, kann dies ein tieferes Verständnis von geschichtswissenschaftlichen Argumentationen bewirken. Ein solcher Prozess kann z. B. erfolgen, indem ein Toulmin-Schema gemeinsam mit der KI ausgefüllt, auf Logik, Vollständigkeit usw. kritisch überprüft und anschließend ausformuliert wird. In der Argumentationstheorie ist das Toulmin-Schema nach dem britischen Philosophen Stephen Toulmin eine beliebte Methode, um Argumente in drei bzw. sechs Schritten zu analysieren (Weber 2013, S. 142 f.). In deutschsprachigen Darstellungen variieren die Bezeichnungen der einzelnen Schritte, daher werden nachfolgend die englischen verwendet. Dies ist auch bei der Bedienung von ChatGPT sehr zu empfehlen. Ausgehend von einer Information (Data) wird eine These geschlussfolgert (Claim, von ChatGPT manchmal als Conclusion bezeichnet). Aus Data und Claim wird eine Schlussregel (Warrant) abgeleitet, welche die Funktion einer Grundsatzaussage einnehmen soll. Das Schema lässt sich ergänzen durch Modaloperatoren (Qualifier) wie „deshalb", die als Bindeglied zwischen Data und Claim dienen (Beispiel: Es kam zu keinem dauerhaften Wandel in Deutschland – deshalb – ist die Revolution von 1848 gescheitert.). Die aufgestellte Schlussregel kann zusätzlich durch weitere Stützen (backing) gestärkt, die Schlussfolgerung durch Einschränkungen bzw. Ausnahmebedingungen ergänzt werden (Rebuttal, Beispiel: „Es sei denn, man argumentiert, dass..."). Im Kontext des Geschichtsunterrichts und der Verwendung der KI ChatGPT empfiehlt es sich für die Praxis, eine didaktische Reduktion vorzunehmen und auf das Backing zu verzichten. Der Qualifier ist i. d. R. von der KI missverständlich, da zu ausführlich und sollte schlicht mit „deshalb" o. Ä. vorgegeben werden. Das mit Unterstützung der KI aufgestellte Toulmin-Schema kann enorm dabei helfen, dass Lernende selbst präzise und luzid argumentieren sowie fremde Argumentationen verstehen und nachvollziehen. Sicherlich lässt sich das Toulmin-Schema nicht auf jede Darstellung oder argumentative Quelle anwenden; in diesem Fall sind die Lernenden gefordert, die fehlenden Bausteine eigenständig zu erarbeiten. Das abschließende Ausformulieren eines Toulmin-Schemas in eine historische Narration schult den Ausdruck und das Verständnis der Inhalte.
Konstruktionshinweise	Fordert man die KI auf, eine vorliegende Argumentation aus einer Quelle oder einer Darstellung mithilfe des Toulmin-Schemas zu analysieren, ist die Qualität der Resultate sehr unterschiedlich und kaum für Lernende geeignet. Empfehlenswert ist es, einzeln die Schritte Claim, Data, Warrant, Rebuttal in dieser Reihenfolge für einen Ausgangstext zu generieren, ggf. mehrfach. Die umgekehrte Vorgehensweise funktioniert ebenfalls: Die Lernenden können ohne Basistext ausgehend von Data oder Claim gemeinsam mit der KI ein entsprechendes Toulmin-Schema für eine von ihnen zu verfassende Narration entwickeln. Auch hier sollten sie Schritt für Schritt vorgehen.
Prompt	Erstelle ein Toulmin-Schema mit Data und Claim für den nachfolgenden Text: [...] Ergänze Warrant./Ggf.: Formuliere Alternativvorschläge für Warrant. Ergänze Rebuttal. Beginne mit dem Satzanfang „Es sei denn".
Schwierigkeitsgrad	3 (Schwer)
Digitales Zusatzmaterial	Blanko-Vorlage Toulmin-Schema Basistexte von Hartman Wunderer, die beiden Schemata zugrunde liegen.

<table>
<tr><th colspan="3">Hartman Wunderer Text 1</th></tr>
<tr><th>Information (Data)</th><th>Modaloperator (Qualifier)</th><th>Schlussfolgerung (Claim)</th></tr>
<tr><td rowspan="3">• Die politischen und sozialen Interessen der Bauern und anderer unterprivilegierter Gruppen passen nicht gut zu denen des national oder liberal gesinnten Bürgertums.
• Die nationalliberale Bewegung befand sich 1848 in einer doppelten Frontstellung: Sie wollte nationale politische Reformen, aber keine fundamentalen sozialen Reformen.
• Deutschland war territorial zersplittert und hatte keine zentrale Stadt wie Paris, die als Zentrum der Revolution auf die Peripherie einwirken konnte.
• Die Nationalversammlung konnte sich keine politischen, militärischen oder finanziellen Machtmittel sichern und war teilweise sogar vom Wohlwollen der Länderregierungen abhängig.
• Die Revolution wollte die nationale deutsche Einheit und die politische Freiheit gleichzeitig lösen und war damit strukturell überfordert.</td><td>→ ...deswegen gilt:
→</td><td>Die nationale und soziale Revolution 1848 scheiterte.</td></tr>
<tr><td>↓
Schlussregel (Warrant):</td><td>↑
Einschränkung (Rebuttal):</td></tr>
<tr><td>Wenn nach einer Revolution die vorherrschende politische Ordnung aufgrund vielfältiger Faktoren (s. Data) weitgehend unverändert bleibt und die grundlegenden Ziele nicht erreicht wurden, kann man sagen, dass die Revolution gescheitert ist.</td><td>Es sei denn, man argumentiert, dass die Revolution von 1848 langfristig dennoch einen wichtigen Beitrag zur politischen Entwicklung Deutschlands geleistet hat, indem sie z. B. mit Verfassungen, einer breiten Politisierung oder der Schaffung eines umfassenden Nationalbewusstseins den Weg für weitere Reformen und Veränderungen geebnet hat. [vgl. Schema 2]</td></tr>
</table>

<table>
<tr><th colspan="3">Hartman Wunderer Text 2</th></tr>
<tr><th>Information (Data)</th><th>Modaloperator (Qualifier)</th><th>Schlussfolgerung (Claim)</th></tr>
<tr><td rowspan="3">• Nach 1848 wurden viele europäische Staaten zu Verfassungsstaaten, und Konstitutionen schränkten die Macht des Souveräns ein.
Der Kreis der politischen Teilnehmer wurde erweitert, politische Vereine, die sich in der Revolutionszeit gebildet hatten, wurden zu politischen Parteien.
• Die 1848 europaweit geforderte Versammlungs- und Pressefreiheit ließ sich nicht mehr ohne weiteres verbieten.
• Die 1848 gewährte Religionsfreiheit wurde kaum noch eingeschränkt.
• Viele soziale Gruppen, vor allem Frauen, die bislang kaum politisiert waren, wurden erstmalig in den politischen Prozess einbezogen.
• Die Revolution von 1848 war ein wichtiger Anknüpfungspunkt für die Entwicklung einer europaweiten sozialistischen Arbeiterbewegung.
• Die Revolution gab wichtige Impulse für den inneren Nationsbildungsprozess und trug dazu bei, dass das Bewusstsein, dass die Deutschen eine Nation bildeten, weit verbreitet wurde.
• Die Reste der Feudalherrschaft auf dem Land wurden beseitigt, der Adel von der Mitregierung zunehmend ausgeschlossen und Patrimonialgerichte verschwanden.</td><td>→ ...deswegen gilt:
→</td><td>Die nationale und soziale Revolution von 1848 scheiterte nicht, sondern führte zu vielen Veränderungen, die den Menschen mehr Rechte, Freiheiten und Mitsprachemöglichkeiten eröffneten.</td></tr>
<tr><td>↓
Schlussregel (Warrant):</td><td>↑
Einschränkung (Rebuttal):</td></tr>
<tr><td>Wenn nach einer Revolution deutliche Veränderungen in der politischen und sozialen Struktur eines Landes zu beobachten sind, kann man davon ausgehen, dass die Revolution nicht vollständig gescheitert ist.</td><td>Es sei denn, man argumentiert, dass sich eine Revolution an dem Erreichen ihrer wesentlichen Ziele messen lassen muss und diese, das heißt die Bildung eines einheitlichen deutschen Nationalstaats sowie umfassende politische Freiheit, durch die Revolution von 1848 kurzfristig nicht erreicht wurden. [vgl. Schema 1]</td></tr>
</table>

Aussagen in den Tabellen generiert mit ChatGPT 4.0, basierend auf: Wunderer, Hartmann: Die Revolution von 1848/49. Reclam 2013, S. 70-74; tabellarisch aufbereitet von O. Held

20. Analyse nach Rüsens Dimensionen von Geschichtskultur

Kompetenzschwerpunkt	Handlungskompetenz (Teilhabe an und Positionierung zu Geschichtskultur)
Didaktisch-Methodische Hinweise	Die Kultur, die uns bzw. die Lernenden im Alltag der Gegenwart umgibt und historische Bezüge aufweist, wird als Geschichtskultur bezeichnet. Jörn Rüsen formulierte verschiedene Dimensionen von Geschichtskultur, darunter die kognitive, ästhetische, politische und moralische Dimension (Rüsen 2013, S. 234–239). Gelegentlich wird dieses Modell erweitert, z. B. durch die religiöse Dimension. Aufgrund der Komplexität der einzelnen Dimensionen ist es schwierig, diese im Unterricht zur Analyse geschichtskultureller Medien heranzuziehen. Mithilfe von KI lässt sich Rüsens Modell jedoch so vorentlasten, dass eine Umsetzung im Alltag machbar wird. Im Anschauungsmaterial wurde die KI dafür genutzt, einen Fragekatalog zu erstellen, mit dessen Hilfe die Lernenden eine Analyse des Computerspiels Valiant Hearts vornehmen können. Dazu sollte ein digitales Endgerät bereitgestellt werden, mit dem die Lernenden Hintergründe zum Spiel recherchieren oder z. B. Youtube-Videos zum Spiel ansehen können. Die Fragen können auch ChatGPT gestellt werden. Diese Analyse sollte aufgrund des Umfangs in arbeitsteiliger Gruppenarbeit erfolgen. Möglich ist, dass die Lernenden die KI auf ihre eigenen Fragen antworten lassen. Diese Antworten sind anschließend kritisch überprüfen, indem die Lernenden sie am Spiel – an Screenshots o. Ä. – veri- bzw. falsifizieren.
Konstruktionshinweise	Um eine KI für diese Unterrichtsidee zu verwenden, müssen zwei Bedingungen erfüllt sein: Zunächst muss die jeweils verwendete KI mit dem Modell von Rüsen vertraut sein. Wegener hat anhand des Beispiels der drei Gegenwartsbezüge nach Klaus Bergmann anschaulich gezeigt, dass ChatGPT geschichtsdidaktische Grundbegriffe fehlerhaft wiedergeben bzw. anwenden kann (Wegener 2023, S. 439f.). Aufgrund dessen sollte der KI zunächst ein erläuternder Text über Rüsens Dimensionen bereitgestellt werden, sodass Missverständnisse bzw. Fehldeuten vermieden werden. Eine ähnliche Vorgehensweise ist bei allen ähnlichen fachwissenschaftlichen Konzepten oder Modellen zu empfehlen, so sollten z.B. auch Detlev Peukerts Ausführungen zu Widerstand konkret zitiert werden, bevor die KI Beispiele für Widerstand in die 4 Stufen Peukerts einordnet. Ist ein erläuternder Text zu Rüsens Dimensionen bereitgestellt worden, wertet ChatGPT diesen aus und die weitere Konversation erfolgt auf dieser Basis. Mit Nachfragen kann überprüft werden, ob die KI das Modell korrekt „verstanden" hat. Nun ist die erste Bedingung – ein korrektes Verständnis' des Modells – erfüllt. Die zweite Bedingung ist, dass die KI über Informationen zum zu analysierenden Medium, bspw. Valiant Hearts, verfügen muss. Dies lässt sich durch simples Nachfragen herausfinden („Kennst du das Spiel Valiant Hearts?"). Falls notwendig, müssen der KI entsprechende Informationen vorab bereitgestellt werden. Sind diese beiden Bedingungen erfüllt, kann die KI genutzt werden, um hilfreiche Fragen zu entwerfen. Es ist ratsam, doppelt so viele Fragen wie benötigt zu generieren, sodass die Lehrkraft die am besten geeigneten Fragen auswählen kann. Der Auftrag an die KI sollte den Hinweis enthalten, offene Fragen zu generieren. Es kann hilfreich sein, sowohl Fragen generieren zu lassen, bevor man den Originaltext Rüsens in die Konversation eingebunden hat, als auch danach, da sich so eine größere Bandbreite an Fragen ergibt, aus denen ausgewählt werden kann. Die Fragen sollten für jede Dimension einzeln generiert werden, ein sofortiges Generieren von Fragen zu mehreren Dimensionen ist in der Regel mit weniger Qualität verbunden. Bei der Formulierung der Fragen zur ästhetischen Dimension ist es besonders hilfreich, wenn man die KI darauf hinweist, die Fragen am Prozessmodus für ästhetisches Denken aufzubauen: Beobachtung, ästhetisch-imaginative Expansion, Sinnvermutung, Reflexive Kontrolle, Gesamtansicht (Pandel 2021, S. 464).
Prompt	Die Lernenden sollen im Geschichtsunterricht das Spiel Valiant Hearts anhand der Dimensionen von Geschichtskultur nach Rüsen analysieren. Meine Schüler*innen benötigen einen Fragekatalog, mit dessen Hilfe sie die [ästhetische] Dimension des Spiels erschließen können. Bitte formuliere 5 hilfreiche Fragen. Es sollen offene Fragen sein[, die sich an dem Fünfschritt des ästhetischen Denkens orientieren (Beobachtung, Ästhetisch-imaginative Expansion, Sinnvermutung, Reflexive Kontrolle, Gesamtansicht)].
Schwierigkeitsgrad	3 (Schwer)

M1 Fragenkatalog zur arbeitsteiligen Analyse des Spiels Valiant Hearts

Valiant Hearts: The Great War ist ein Adventure-Computerspiel, das vom französischen Entwicklerstudio Ubisoft Montpellier entwickelt und im Jahr 2014 veröffentlicht wurde. Das Spiel ist im Ersten Weltkrieg angesiedelt und erzählt die Geschichte von mehreren Protagonisten, die aus verschiedenen Gründen in den Krieg gezogen sind. Der Historiker Jörn Rüsen hat u. a. die kognitive, ästhetische, politische und moralische Dimension der Geschichtskultur identifiziert. Da das Spiel Teil der Geschichtskultur zum Ersten Weltkrieg ist, gilt es, das Spiel nun anhand dieser Dimensionen zu analysieren. Der nachfolgende Fragenkatalog dient dabei als Leitfaden.

Kognitive Dimension
1. Welche historischen Dokumente und Quellen werden in Valiant Hearts: The Great War verwendet und wie tragen sie zur historischen Genauigkeit und Authentizität des Spiels bei? 2. Welche Methoden oder Techniken werden im Spiel verwendet, um historische Informationen zu vermitteln, wie z. B. Texte, Dokumente oder Bilder? 3. Wie wird das historische Wissen in Valiant Hearts: The Great War aufbereitet, um es für die Spieler zugänglich und verständlich zu machen, und wie wird dieses Wissen in die Spielmechanik integriert? 4. Wie genau und akkurat sind die historischen Darstellungen im Spiel im Vergleich zu wissenschaftlichen Erkenntnissen? 5. Wie trägt Valiant Hearts: The Great War dazu bei, das historische Bewusstsein der Spieler zu erweitern und sie dazu zu bringen, über die Bedeutung der Ereignisse des Ersten Weltkriegs nachzudenken, auch in Bezug auf die Gegenwart?
Ästhetische Dimension
1. Beobachtung: Was ist das Besondere an Grafik und Sound des Spiels? Welche Elemente fallen auf? 2. Sinneswahrnehmung: Welche Atmosphäre schafft das Spiel durch seine Ästhetik? Wie beeinflusst die ästhetische Gestaltung die eigene Wahrnehmung des Spiels? Wie tragen Grafik und Sound zur emotionalen Erfahrung des Spielers bei? 3. Sinnvermutung: Welche Bedeutung haben die verschiedenen ästhetischen Elemente für die Handlung und die Themen des Spiels? Wie wird die ästhetische Dimension des Spiels verwendet, um die verschiedenen Themen des Spiels zu unterstützen und zu vertiefen? 4. Reflexive Kontrolle: Sind die Beobachtungen, Wahrnehmungen und Sinnesvermutungen bei allen Spielern gleich? Decken sich die Erfahrungen oder entstanden sehr unterschiedliche Eindrücke? 5. Gesamtansicht: Wie trägt die Ästhetik des Spiels dazu bei, die Handlung und die historischen Themen des Spiels als Ganzes zu vermitteln? Wie harmonieren die verschiedenen ästhetischen Elemente, um eine bestimmte Stimmung oder Botschaft zu vermitteln?
Politische Dimension
1. Wie werden verschiedene Perspektiven auf den Krieg dargestellt, und wie beeinflussen diese Perspektiven die Legitimation von Macht und Herrschaft? 2. Wie wird die Nationalität der Charaktere im Spiel thematisiert? Welche Rolle spielt die Nationalität im Krieg und wie beeinflusst sie das Verhalten der Charaktere? 3. Wie werden Feindbilder im Spiel dargestellt und wie beeinflussen sie das Verhalten der Charaktere? Werden die Feindbilder im Spiel kritisch reflektiert? 4. Wie behandelt das Spiel die Rolle von Propaganda im Krieg? Wie werden verschiedene Propaganda-Techniken dargestellt, und welche Auswirkungen haben sie auf die Wahrnehmung der Protagonisten des Krieges? Wie beeinflusst Propaganda die Legitimation von Macht und Herrschaft? 5. Wie werden die sozialen und politischen Veränderungen, die durch den Krieg hervorgerufen wurden, im Spiel dargestellt? Wie veränderten sich Machtverhältnisse, politische Strukturen und soziale Normen während des Krieges, und welche Auswirkungen hatten sie auf die Protagonisten des Spiels?
Moralische Dimension
1. Inwiefern beeinflussen die Perspektiven der verschiedenen Protagonisten des Spiels ihre moralischen Entscheidungen und Bewertungen von historischen Ereignissen? 2. Wie werden im Spiel die menschlichen Auswirkungen des Krieges, wie z. B. Leiden, Trauer und Verlust, dargestellt und bewertet? 3. Wie beeinflussen historische Ereignisse und Prozesse im Spiel die moralischen Entscheidungen und Bewertungen der Protagonisten? Welche moralischen Urteile werden über den Krieg und seine Beteiligten gefällt? 4. Wie wird im Spiel mit moralischen Konflikten umgegangen, die durch die Notwendigkeit von Gewalt und Aggression im Krieg entstehen? Wie werden die Konsequenzen von Gewalt und Aggression für die Beteiligten dargestellt und wie trägt dies zur moralischen Reflexion des Spielers bei? 5. Welche moralischen Lernprozesse können Spielerinnen und Spieler durch das Spiel erfahren? Wie kann das Spiel dazu beitragen, dass wir moralische Empathie und Sensibilität für die Erfahrungen und Schicksale der Beteiligten am Krieg entwickeln? (generiert mit ChatGPT4.0)

21. Ideologiekritische Analyse

Kompetenzschwerpunkt	Methodenkompetenz (Analyse Textquellen); Sachkompetenz (Identifikation)
Didaktisch-Methodische Hinweise	Ideologiekritik von einer Künstlichen Intelligenz birgt sowohl Chancen als auch Risiken. Zwar sind bspw. in ChatGPT bereits Filter implementiert, die vermeiden sollen, dass die KI durch Vorurteile und Stereotypen in den Daten beeinflusst wird, doch gänzlich auszuschließen ist ein solches Risiko nicht: schließlich enthalten die Trainingsdaten eine Perspektive und ggf. Bias. So müssen – wie der Geschichtsunterricht selbst – auch die KI und ihre Filter in die Ideologiekritik mit einbezogen werden. Weitere Risiken bestehen darin, dass KI-Systeme Schwierigkeiten haben können, die Bedeutung und den Kontext von Texten vollständig zu erfassen und somit möglicherweise wichtige Details und Nuancen übersehen oder falsch interpretieren. Letztlich besteht auch die Gefahr, dass die menschliche Analyse und das Verständnis politischer Ideologien vernachlässigt werden, wenn dieser Prozess an eine Künstliche Intelligenz ausgelagert wird. Demgegenüber stehen auch Chancen, so können große Datenmengen schnell, effizient und – abgesehen von den von Menschen einprogrammierten Filtern und Regeln der KI – ohne menschliche Vorurteile und Überzeugungen verarbeitet werden. Aus diesen Gründen sollte KI nicht als Ersatz für menschliche Analyse und Verständnis dienen, sondern vielmehr als Hilfsmittel, um die eigene Analyse und das Verständnis zu unterstützen und zu ergänzen. Für den Geschichtsunterricht kann KI von Lehrkräften entlastend eingesetzt werden, indem sie Analysebeispiele als Anschauungsmaterial generiert. Im Anschauungsmaterial finden sich Analyse-Ergebnisse von ChatGPT, die für Lernende geeignet sind, da sie eine leicht nachvollziehbare Dreischritt-Struktur aufweisen: **Typologische Identifikation, inhaltliche Benennung, kritische Beurteilung. Erstens** wird festgestellt, welcher methodischer Typ einer ideologisch gefärbten Aussage vorliegt (z.B. Implikation, Verallgemeinerung, Suggestion usw.). **Zweitens** wird klar benannt, was inhaltlich z. B. verallgemeinert oder suggeriert wird. **Drittens** erfolgt eine kritische Beurteilung der Aussage durch die KI. Dieser Beurteilung fehlen zwar konkrete Belege, allerdings sind sie in der Regel zutreffend. Alle drei Schritte können Fehler enthalten, daher ist eine kritische Prüfung durch die Lehrkraft absolut unerlässlich. So aufgebaute Analyse-Ergebnisse können den Lernenden als Anschauungsmaterial bereitgestellt werden, um durch diese Beispiele den Prozess einer eigenständigen Ideologiekritik anzuleiten. Eine tiefergehende Auseinandersetzung mit dem Quellentext kann erfolgen, wenn die Aussagen den entsprechenden Textpassagen zugeordnet werden sollen.
Konstruktionshinweise	Es empfiehlt sich eine Orientierung an der untenstehenden Formulierung. Mit der ersten Variante formuliert ChatGPT meist in einem Satz eine Analyse im o.g. Dreischritt. Eine ausführlichere Analyse kann mit der zweiten Variante generiert werden, ggf. ergänzt durch „Fasse Schritt 2–4 in jeweils einem Satz zusammen.“. Eine kurze Einordnung der Quelle (z.B. „Ich möchte eine ideologiekritische Analyse einer Rede Hitlers vornehmen.“) kann die Ergebnisse manchmal optimieren.
Prompt	Variante 1: Identifiziere im Text unbegründete Werturteile. Generiere eine Liste mit den identifizierten Aussagen, zitiere jeweils den ganzen Satz. Erkläre jeweils, weshalb du sie ausgewählt hast und wie die Urteilsbildung durch diese Aussage gelenkt werden soll. Variante 2: Identifiziere im Text ideologisch gefärbte Aussagen. Erkläre jeweils, weshalb du sie ausgewählt hast und wie die Urteilsbildung durch diese Aussage gelenkt werden soll. Formuliere deine Antwort nach folgendem Schema: Zitat der im Text identifizierten Aussage. Zitiere den ganzen Satz. Identifizierung des Typs der ideologischen Aussage (Implikation, Verallgemeinerung, Suggestion usw.). Benennung des Inhalts der ideologischen Aussage. Kritische Beurteilung bzw. Überprüfung der ideologischen Aussage.
Schwierigkeitsgrad	2 (Mittel)

M1 Rede Hitlers vor Parteianhängern, 12.4.1922

Entweder Sieg der arischen Seite oder ihre Vernichtung und Sieg des Juden. Aus dieser, ich möchte sagen blutigernsten Erkenntnis heraus ist die Gründung unserer Bewegung erfolgt. [...] Die Erkenntnis zeigt uns aber zunächst eine Reihe der wichtigsten Grundlagen für diese junge Bewegung, der wir einst das Große Zutrauen wollen.

Erstens: „national" und „sozial" sind zwei identische Begriffe. Dem Juden erst ist es gelungen, durch die Umfälschung des sozialen Gedankens zum Marxismus diesen sozialen Gedanken nicht nur dem nationalen zu entfremden, sondern, was ja praktisch erreicht worden ist, sie als stärkste Gegensätze hinzustellen. Wir haben uns bei Gründung dieser Bewegung entschlossen, sie [...] als „Nationalsozialistische" zu taufen. Wir sagten uns, dass „national" sein in allererster Linie heißt, in grenzenloser, alles umspannender Liebe zum Volke zu handeln und, wenn nötig, dafür auch zu sterben: Und also heißt „sozial" sein, den Staat und die Volksgemeinschaft so aufbauen, dass jeder Einzelne für die Volksgemeinschaft handelt und demgemäß auch überzeugt sein muss von der Güte und der ehrlichen Redlichkeit dieser Volksgemeinschaft, um dafür sterben zu können.

Zweitens aber sagten wir uns: Es gibt und kann keine Klassen geben. [...] Bei uns aber in Deutschland, wo jeder gleiches Blut trägt, der überhaupt Deutscher ist, und gleiche Augen hat und die gleiche Sprache spricht, da kann es keine Klasse geben, da gibt es nur ein Volk und weiter nichts. [...] Wir verstehen unter Arbeit ausschließlich jene Tätigkeit, die nicht nur dem Einzelnen nützt, sondern der Gemeinschaft auf keinen Fall schadet, ja, im Gegenteil mithilft, sie zu bilden.

Und da waren wir uns drittens klar, dass diese Art der Auffassung der Arbeit in einem Triebe liegt, der unserer Rasse, unserem Blute entspringt. Wir sagten uns, dass Rasse verschieden ist von Rasse, und dass jede gemäß ihren Grunderfordernissen auch gewisse bestimmte Tendenzen nach außen zeigt. Diese Tendenzen aber zeigen sich vielleicht am klarsten in ihrer Einstellung zum Begriff der Arbeit. Der Arier fasst Arbeit auf als Grundlage zur Erhaltung der Volksgemeinschaft unter sich, der Jude als Mittel zur Ausbeutung anderer Völker. Er arbeitet niemals als produktiv Schaffender, ohne die große Aussicht, Herrschender zu werden. Er arbeitet unproduktiv als Benützer und Genießer anderer Leute Arbeit. [...] Er zerstört und er muss zerstören, weil ihm der Begriff der gemeinschaftsbildenden Art vollkommen fehlt.

Klöss, Erhard: Reden des Führers. Politik und Propaganda Adolf Hitlers 1922–1945, München 1967, S. 39–41.

Aufgaben:

Die Künstliche Intelligenz ChatGPT hat die Quelle ideologiekritisch analysiert und einige Aussagen als nationalsozialistische Ideologie entlarvt.

1. Ordne die Analyse-Ergebnisse der KI (a,b,c) den entsprechenden Aussagen in der Quelle zu.
2. Die Analyse-Ergebnisse a,b,c sind in drei Schritten aufgebaut. Erläutere den Aufbau.
3. Untersuche die Quelle auf weitere ideologische gefärbte Aussagen (z.B. unbegründete Werturteile, manipulativ umgedeutete Begriffe und absichtliche Fehldeutungen, falsche oder verschwiegene Fakten, Tatsachenbehauptungen und Kausalbeziehungen). Beachte bei der Formulierung deiner Ergebnisse den Dreischritt aus der zweiten Aufgabe.
4. Erläutere den Zweck der Aussagen, indem du sie in den historischen Kontext einordnest und erklärst,
   a. welche kurzfristigen sozialen und politischen Bedürfnisse der Adressaten damit befriedigt werden sollen und
   b. welche langfristigen Ziele Hitler damit verfolgt.
5. Sprinter-Aufgabe: Erörtere Chancen und Risiken des Einsatzes von Künstlicher Intelligenz für eine ideologiekritische Quellenanalyse.
6. Bewerte die Bedeutung der Ideologie der Nationalsozialisten hinsichtlich ihrer Auswirkungen auf die Gesellschaft der Weimarer Republik.

a) Diese Aussage impliziert, dass es nur zwei Möglichkeiten gebe: Entweder die arische Seite gewinnt oder „der Jude" gewinnt. Es ist eine unbegründete Annahme, da es viele andere mögliche Szenarien gibt.
b) Diese Aussage impliziert, dass alle Deutschen gleich sind und dass es keine Unterschiede zwischen ihnen gebe. Es ist eine unbegründete Annahme, da es in jedem Volk Unterschiede in Bezug auf Herkunft, Bildung, sozialen Status und anderen Faktoren gibt, die zu Unterschieden in der Klassenzugehörigkeit führen können.
c) Diese Aussage stellt eine unbegründete Verallgemeinerung dar und suggeriert, dass alle Juden unproduktiv seien und andere ausbeuten, um selbst Macht zu erlangen. Es ist eine stereotype und rassistische Annahme.

generiert mit ChatGPT4.0

22. Simulation eines Interviews

Kompetenzschwerpunkt	Urteils-/Fragekompetenz (Einordnung Personen, Handlungen, Zusammenhänge)
Didaktisch-Methodische Hinweise	Um der Wissenschaftsorientierung des Unterrichts gerecht zu werden, muss den Lernenden für diese Methode bewusst sein, dass das simulierte Interview auf den Trainingsdaten der KI basiert und nicht auf den tatsächlichen Überzeugungen und Erfahrungen des Befragten. Aufgrund dessen sind fehlerhafte Aussagen möglich. Die Lernenden müssen kritisch an das Interview herangehen: Ziel ist es gleichermaßen, nicht nur mit, sondern auch über die verwendete KI zu lernen (Medienkompetenz). Da ChatGPT nicht jede Frage für sich beantwortet, sondern den Kontext einer Unterhaltung berücksichtigt, besteht die Möglichkeit, Interviews zu führen. Ist die betreffende Person bekannt genug, d.h. wenn die KI über genügend Daten verfügt, um die Person authentisch zu simulieren, lassen sich inhaltlich weitgehend stimmige Interviews mit historischen Personen führen. In einigen Fällen wird sich die KI weigern, eine bestimmte Perspektive einzunehmen, ein Interview mit Hitler ist bspw. nicht möglich. Führt man z. B. ein Interview mit Bismarck, so werden neben faktischen Berichten über seine Taten auch seine persönlichen Einstellungen zur Demokratie authentisch wiedergegeben. Es müssen jedoch nicht zwingend konkrete Personen sein, auch über das Leben eines Arbeiters aus den 1870er Jahren hat die KI ausreichend Informationen, um authentische Antworten zu generieren. Darüber hinaus kann die KI auch als „Autor" interviewt werden. Dazu wird der KI z. B. ein Quellentext gegeben. Anschließend folgt der Auftrag, dass die KI nun die Rolle des Autors dieses Textes einnehmen und allein aus dessen Perspektive antworten soll. So haben die Lernenden die Möglichkeit, anspruchsvolle Texte spielerisch mithilfe einer KI durch konkretes Nachfragen zu verstehen. Allein das Stellen der Fragen ist bereits eine Analysetätigkeit und dient dem Textverständnis. Neben Personen können auch Objekte interviewt werden. Gerade im Anfangsunterricht kann es sehr motivierend sein, die Lernenden z. B. die Cheops-Pyramide interviewen zu lassen: neben Fragen nach Alter, Größe usw., mit denen ein Spickzettel erstellt werden kann, können auch Fragen nach z. B. Geheimgängen, Fallen oder Flüchen gestellt werden. Auch Fragen nach historisch kontroversen Themen – bspw. die Entstehung der Pyramide – werden mit einem Hinweis auf mangelnde schriftliche Quellen und verschiedene Theorien treffend beantwortet. Anhand eines solchen Interviews können die Lernenden erfahren und üben, wie man historische Fragen stellt bzw. beantwortet und wie man sich aus einer anderen Perspektive mit der Geschichte auseinandersetzt. Weitere methodische Ansätze sind z. B. arbeitsteilig multiperspektivische Interviews zu führen, einen KI-generierten Interview-Anfang fortzusetzen, Antworten der KI kritisch auf ihre Triftigkeit zu überprüfen oder ein Zeitzeugeninterview zu simulieren. Eine KI kann kein Ersatz für einen Zeitzeugen, dessen Perspektive und Erfahrungen sein. Besonders lohnenswert ist es allerdings, einen Zeitzeugen in den Unterricht einzuladen und die Lernenden vorab mit der KI üben zu lassen, wie man ein Zeitzeugeninterview führt. Welche Fragen haben bei der KI interessante Antworten geliefert? Welche Fragen konnte die KI nicht beantworten? Ein anschließender Vergleich der Antworten der KI und eines Zeitzeugen zeigt, dass die KI sich auf Daten, Fakten und historische Ereignisse beschränkt, wohingegen ein realer Zeitzeuge ein Bewusstsein und Empfindungen hat, Erfahrungen und Erinnerungen schildert und seine Schilderungen mitunter sehr emotional sein können.
Konstruktionshinweise	Es ist wichtig, der KI genau vorzugeben, was sie schreiben darf und was nicht. Durch Vorgabe eines Datums kann z. B. späteres Wissen, welches ein Interview verfälschen könnte, ausgeschlossen werden. Wichtig ist auch der Hinweis, dass die KI aus dieser Perspektive explizit eine eigene Meinung äußern darf.
Prompt	Ich möchte, dass du dich so verhältst wie X im Jahr Y. Ich möchte, dass du antwortest wie X im Jahr Y, in seiner Perspektive, Wortwahl, Ausdrucksweise, Überzeugung, Meinung. Du darfst aus der Perspektive von X eine eigene Meinung äußern. Schreibe keine Erklärungen. Antworte nur wie X. Du musst alles wissen, was X im Jahr Y wusste. Mein erster Satz ist „Hallo X.".
Schwierigkeitsgrad	1 (Leicht)

Ein Interview mit ChatGPT in der Rolle einer historischen Person führen

Vorbereitung
• Formuliere eine Liste von Fragen, die du ChatGPT als historische Persönlichkeit stellen möchtest, basierend auf den Inhalten des Unterrichts. • Formuliere möglichst offene Fragen, die ChatGPT die Möglichkeit geben, ausführlich auf die Frage einzugehen und die Perspektive als historische Persönlichkeit darzulegen. • Ein Beispiel für eine offene Frage ist: „Können Sie uns mehr über Ihre Erfahrungen während des Krieges erzählen?" Eine offene Frage ermutigt den Interviewpartner, ausführlich und in seinen eigenen Worten zu antworten, was zu tieferen Einblicken und interessanten Informationen führen kann. • Ein Beispiel für eine geschlossene Frage ist: „Hatten Sie während des Krieges Angst?" Eine geschlossene Frage erlaubt nur eine kurze Antwort und gibt dem Interviewpartner keine Gelegenheit, ausführlicher zu antworten oder weitere Informationen hinzuzufügen.
Deine Fragen
• • • • •
Die KI instruieren
• Gib der KI vor, welche Person sie in dem Interview simulieren soll. Nutze dafür die untenstehende Beispielformulierung und ersetze X durch den Namen der Person und Y durch die Jahreszahl oder sogar ein konkretes Datum. Die Formulierung kann durch weitere Informationen zusätzlich ergänzt, es sollte jedoch nichts entfernt werden. • Ich möchte, dass du dich so verhältst wie X im Jahr Y. Ich möchte, dass du antwortest wie X im Jahr Y, in seiner Perspektive, Wortwahl, Ausdrucksweise, Überzeugung, Meinung. Du darfst aus der Perspektive von X eine eigene Meinung äußern. Schreibe keine Erklärungen. Antworte nur wie X. Du musst alles wissen, was X im Jahr Y wusste. Mein erster Satz ist „Hallo X.".
Durchführung
• Stelle die vorbereiteten Fragen und lasse die historische Persönlichkeit ausführlich antworten. • Arbeite deine Frage-Liste nicht der Reihe nach ab. Gehe auf die Antworten ein und stelle Nachfragen, auch kritische. Wenn du etwas nicht verstehst, bitte um eine Erklärung. • Notiere wichtige Informationen und Zitate, die du während des Interviews erhältst.
Auswertung
1. Überprüfe deine Notizen und fasse zusammen, welche Informationen du aus dem Interview gewonnen hast. 2. Vergleiche, ob die Perspektive und die Antworten der KI mit dem übereinstimmen, was du bereits über die historische Persönlichkeit gelernt hast. 3. Diskutiere mit deinen Mitschüler*innen, was du aus dem Interview gelernt hast und was sie aus ihren jeweiligen Interviews lernen konnten.
Reflexion
1. Reflektiere, welche Erfahrungen du mit dem Interview gemacht hast: a. Wie hast du dich gefühlt, als du das Interview geführt hast? b. Was hast du über die historische Persönlichkeit und ihre Zeit gelernt? c. Was hat dich überrascht oder beeindruckt an den Antworten der Künstlichen Intelligenz? 2. Erörtere, welche Vor- und Nachteile es hat, ein Interview mit einer KI zu führen. 3. Nimm Stellung, ob das Interview mit der KI eine hilfreiche Methode war, um dein Verständnis für die Geschichte und die Perspektive der historischen Persönlichkeit besser zu verstehen.

23. Simulation sokratischer Dialoge

Kompetenzschwerpunkt	Urteilskompetenz (Triftigkeit); Handlungskompetenz (Positionierung in Debatten)
Didaktisch-Methodische Hinweise	Die sokratische Methode ist ein Werkzeug, um kritisches Denken und logisches Argumentieren zu fördern. Der Prozess der sokratischen Methode fördert die Reflexion und Selbstprüfung, indem er die Teilnehmer dazu bringt, ihre eigenen Überzeugungen und Voraannahmen zu hinterfragen. Die Lernenden sind nicht darauf aus, eine andere, fremde Position herauszufordern. Stattdessen werden sie selbst von der KI herausgefordert, ihre eigene Position bzw. These kritisch zu reflektieren, um so ein tieferes Verständnis zu erlangen, welches auch andere Perspektiven – in diesem Fall die der KI – berücksichtigt. Die Lernenden formulieren zunächst eine eigene These – bspw. ‚Die Revolution von 1848/49 ist gescheitert.' – und diskutieren diese dann mit der KI, die, wie einst Sokrates, kritische Nachfragen stellt. Anhand der sokratischen Methode wird die Dialogfähigkeit der Lernenden geschult. Inwiefern sich dies in Handlungskompetenz niederschlägt, ließe sich in einem anschließenden Rollenspiel oder einer Podiumsdiskussion überprüfen. Die Kombination der sokratischen Methode mit dem Einsatz einer textgenerierenden KI ist mit vielen Vorteilen verbunden, vor allem Schüleraktivierung und Individualisierung: Jeder Lernende kann einen individuellen Dialog mit der KI führen. Während im herkömmlichen Unterrichtssetting besonders die redegewandten Schülerinnen und Schüler eine solche Debatte dominieren, trainieren nun alle Lernenden ihre Diskussionsfähigkeit. Wichtig ist, dass der sokratische Dialog nicht zu einer konsensfähigen Lösung führen muss. Eine Lösung für z. B. fachwissenschaftliche Kontroversen kann nicht von Schülerinnen und Schülern erwartet werden, daher sollte auch ihnen gegenüber transparent gemacht werden, dass der Prozess des Dialogs sowie die kritische Reflexion der These das Lernziel darstellen. Es empfiehlt sich somit auch, den Dialog bspw. mit einem Zeit- oder Fragen-Limit zu begrenzen. Führen die Lernenden einen Dialog mit der KI, kann die Überprüfung des Lernfortschritts mitunter schwierig sein, da das Lernprodukt – der Chat – zunächst nur den Lernenden zur Verfügung steht. Dieser kann via Copy & Paste der Lehrkraft per Mail oder auf anderen Wegen bereitgestellt werden. Die Auswertung ist sicherlich recht mühsam, daher ist eher dazu zu raten, z. B. die Schritte 1 und 5–7 von den Lernenden schriftlich festhalten zu lassen (siehe Kopiervorlage im Zusatzmaterial). Alternativ gibt es Angebote – bspw. die KI-Tools von Fobizz – mit denen die Lehrkraft Einsicht in alle (nur für 24 Stunden gespeicherten) Aktivitäten der Lernenden nehmen kann.
Konstruktionshinweise	Ohne den Hinweis „Du wirst jeweils nur eine Zeile antworten." in der Instruktionsformulierung antwortet die KI gelegentlich ausschweifender und erklärt z. B. die Intention ihrer Frage: „Als Sokrates würde ich zunächst versuchen, das grundlegende Verständnis der Aussage zu klären: Was genau verstehst du unter „Alleinschuld" in Bezug auf Deutschland und den Ersten Weltkrieg?". Falls dies der Transparenz und des Verständnisses wegen gewünscht ist, kann der Satz in der Instruktionsformulierung entfallen. Um das sokratische Gespräch in einer zeitökonomischeren Extremform zu führen, kann der Satz „Stelle ausschließlich Fragen, die sich mit „Ja" oder „Nein" beantworten lassen." ergänzt werden – die Fragen der KI sind mitunter erstaunlich gut.
Prompt	Ich möchte, dass du dich wie Sokrates verhältst. Du musst die sokratische Methode verwenden, um meine Überzeugungen zu hinterfragen. Ich werde eine Aussage machen und du wirst versuchen, jede Aussage weiter zu hinterfragen, um die Logik meiner Argumentation zu prüfen. Du wirst jeweils nur eine Zeile antworten. Meine erste Aussage lautet: „[...]".
Schwierigkeitsgrad	2 (Mittel)
Digitales Zusatzmaterial	Kopiervorlage für ein Formular zum Festhalten der Schritte 1, 5–7.

Künstliche Intelligenz trifft Sokrates: Ein sokratischer Dialog mit ChatGPT

Die sokratische Methode ist eine Form des argumentativen Dialogs, die darauf abzielt, durch gezielte Fragen zu einem besseren Verständnis eines Themas zu gelangen. Sie wurde vom griechischen Philosophen Sokrates entwickelt und besteht aus einer Reihe von Fragen, die gestellt werden, um die Meinungen, Annahmen und Argumente einer Person zu hinterfragen und zu prüfen. Das Ziel der Methode ist nicht, eine absolut allgemeingültige Antwort, Lösung oder Aussage zu entwickeln, sondern durch den Prozess der Methode das kritische Denken und die logische Argumentation zu schulen, indem die eigene These kritisch reflektiert und anschließend überarbeitet wird.

Schritt 1 – These formulieren
Formuliere eine These, die du überprüfen möchtest. Zum Beispiel: „Deutschland trägt die Alleinschuld am Ersten Weltkrieg."

Schritt 2 – Die KI instruieren
Nun muss die Künstliche Intelligenz, z. B. ChatGPT, angewiesen werden, in der Art des Philosophen Sokrates kritische Nachfragen zu stellen. Gib der KI dazu den folgenden Befehl. Formuliere den Befehl nicht um. Füge nur anstelle der Beispiel-These von oben entsprechend deine These aus Schritt 1 ein.
„Ich möchte, dass du dich wie Sokrates verhältst. Du musst die sokratische Methode verwenden, um meine Überzeugungen weiterhin zu hinterfragen. Ich werde eine Aussage machen und du wirst versuchen, jede Aussage weiter zu hinterfragen, um meine Logik zu prüfen. Du wirst jeweils nur eine Zeile antworten. Meine erste Aussage lautet: „Deutschland trägt die Alleinschuld am Ersten Weltkrieg.".

Schritt 3 – Die These überprüfen: Die Frage der KI abwarten
Die KI wird nun mit einer Frage reagieren. Die Frage kann allgemein gehalten sein, um dir z. B. weitere Informationen und Argumente für deine These zu entlocken: „Wie bist du zu dieser Überzeugung gekommen?". Die Frage kann sich jedoch auch auf konkrete Aspekte beziehen, z. B.: „Wie definierst du den Begriff Alleinschuld?".

Schritt 4 – Die These überprüfen: Die Frage der KI beantworten
Hat die KI nun eine Rückfrage gestellt, bist du herausgefordert, diese so präzise du kannst zu beantworten. Du kannst für deine Antwort die dir zur Verfügung stehenden Hilfsmittel verwenden, z. B. das Schulbuch, Arbeitsblätter, Quellen, Darstellungen, das Internet. Nach deiner Antwort wird die KI automatisch die nächste Rückfrage stellen, sodass sich die Schritte 3 und 4 nun abwechselnd wiederholen werden und ein Dialog entsteht.

Schritt 5 – Die These kritisch reflektieren
Überprüfe deine These nun basierend auf dem geführten Dialog. Bewerte, ob deine ursprüngliche These noch haltbar ist oder ob sie revidiert bzw. modifiziert werden muss. Sind die Argumente und Beweise ausreichend, um die These zu stützen? Oder gibt es Unklarheiten oder Widersprüche, die weiter untersucht werden müssen?

Schritt 6 – Eine neue These formulieren
Basierend auf den Erkenntnissen aus dem Dialog kannst du nun eine neue These formulieren. Diese kann entweder die ursprüngliche These bestätigen oder sie widerlegen. Ausgehend von der neuen These, könnten nun die Schritte zwei bis sechs wiederholt werden.

Schritt 7 – Methodenreflexion
Nachdem du eine neue These formuliert hast, reflektiere den gesamten Prozess der sokratischen Methode und teile deine Erfahrungen und Gedanken mit deinen Mitlernenden. Diskutiert gemeinsam über die verschiedenen Thesen, die ihr geprüft habt, und die Argumente, die ihr vorgebracht habt. Welche Herausforderungen seid ihr während des Dialogs mit der KI begegnet? Was habt ihr aus dem Prozess gelernt?

Schritt 8 – Kritische Bewertung der KI (optional)
Zum Abschluss bewerte kritisch die Rolle der Künstlichen Intelligenz im Prozess der sokratischen Methode. Was waren die Stärken und Schwächen der KI während des Dialogs? Inwiefern hat die KI dazu beigetragen, das kritische Denken und die Reflexion zu fördern?

24. Simulation eines Prüfungsgesprächs + Lernkarten

Kompetenzschwerpunkt	Sachkompetenz (Zusammenhänge); Urteilskompetenz (Richtig-/Vollständigkeit)
Didaktisch-Methodische Hinweise	Eine Künstliche Intelligenz als Lernpartner? Zwar fehlt die soziale Komponente, doch auf der Gegenseite ist eine KI immer verfügbar, geduldig, maßgeschneidert auf individuelle Bedürfnisse, objektiv und kann auf ein umfangreiches Datenbankwissen zurückgreifen. Aber wie kann es gelingen, eine KI, die Zugriff auf schier unbegrenzte Ressourcen hat, nur für die konkret relevanten Inhalte zu nutzen? Die Antwort gibt der Lehrplan. Kompetenzkataloge, Inhaltsfelder, inhaltliche Schwerpunkte usw. finden sich online für jedes Bundesland und sind leicht via Copy & Paste der KI bereitzustellen. Auf Basis dieser Informationen kann eine KI wie ChatGPT speziell auf den Kernlehrplan, auf ein Inhaltsfeld oder sogar nur auf eine einzelne Kompetenz abzielende Prüfungsfragen simulieren. Mit dem Formulierungsvorschlag auf der Kopiervorlage lässt sich gar ein ganzes Prüfungsgespräch mit sinnvollen Rückmeldungen simulieren. Aber: punktuelle Rückmeldungen zu einzelnen Antworten mögen hilfreich sein, die KI sollte jedoch keine Gesamteinschätzung abgeben, da sie keinen Erwartungshorizont als Grundlage hat und fehlerhafte Einschätzungen negative Folgen für die Lernenden haben können. Auch sollte davor gewarnt werden, ausschließlich mit einer KI zu lernen, da so z. B. keine Methodenkompetenzen zum Umgang mit Quellen eingeübt werden können. Mit einer KI simulierte Prüfungsgespräche dienen vor allem auch der methodischen Vorbereitung und Übung, um Ängste abzubauen. Für eine Vorbereitung auf Inhalte sind sehr präzise Vorgaben erforderlich – das sollte auch so den Lernenden kommuniziert werden. ChatGPT kann genutzt werden, um den Lernenden dabei zu helfen, ihre eigenen Lernfortschritte zu reflektieren und einzuschätzen. Indem sie ihre eigenen Antworten oder Lösungsansätze mit den von der KI generierten Vorschlägen vergleichen, können sie ihre Stärken und Schwächen besser erkennen und gezielt daran arbeiten. Darüber hinaus bestehen zahllose weitere Methoden, um ChatGPT zur Prüfungsvorbereitung zu nutzen. So kann auch auf Mnemotechniken zurückgegriffen werden: ein Witz, ein Akronym, eine Alliteration, ein Reim, gar ein ganzer Song oder andere Eselsbrücken können unmittelbar zu jedem inhaltlichen Gegenstand generiert werden und die Gedächtnisleistung unterstützen. Denkbar ist auch, von der KI mehrere Zusammenfassungen zum gleichen Gegenstand schreiben zu lassen – eine davon soll absichtlich fehlerhaft sein. Das gewissenhafte Lesen und Vergleichen erfordern eine intensive Auseinandersetzung. Ggf. weigert sich die KI einen fehlerhaften Text zu generieren: mit dem Hinweis, dass dies als Lernstrategie genutzt werden soll, lässt sie sich jedoch in aktuellen Versionen noch überzeugen. Auch Mindmaps sind ein gerne genutztes Lernmedium. Um mithilfe von ChatGPT eine Mindmap zu gestalten, können z. B. „sechs Stichpunkte mit wenigen Details zur NS-Wirtschaftspolitik" generiert werden, die vom Lernenden in eine Mindmap übertragen werden. Anschließend fordert man die KI auf, die Stichpunkte erneut zu formulieren, nun „mit etwas mehr Informationen". Dieser Schritt lässt sich beliebig wiederholen oder anpassen – dadurch kann die Mindmap Stück für Stück wachsen (vgl. auch Kapitel 9, Concept-Map). Letztlich kennt die KI auch den Begriff „Lernkarten". Fordert man die KI auf, Lernkarten zu einem konkreten Gegenstand zu entwerfen, erhält man aus Fragen (Vorderseite) und Antworten (Rückseite) bestehende Vorschläge zur Gestaltung von Lernkarten. Abschließend sei wieder darauf hingewiesen, dass die Informationen der KI in jedem Fall auf ihre inhaltliche Stimmigkeit zu prüfen sind.
Konstruktionshinweise	Die Kopiervorlage enthält die Konstruktionshinweise.
Prompt	Siehe Kopiervorlage.
Schwierigkeitsgrad	2 (Mittel)
Digitales Zusatzmaterial	Editierbare Version, z. B. zur Ergänzung des relevanten Lehrplans.

ChatGPT zur Prüfungsvorbereitung nutzen

Jedes Bundesland stellt online verbindliche Bildungs- bzw. Lehrpläne bereit. Diese benennen – je nach Bundesland, Schulform usw. – Inhalte und Kompetenzen, die im Unterricht behandelt werden sollen. Bei der Suche nach dem jeweils benötigten Lehrplan kann die Lehrperson weiterhelfen. Eine Übersicht für alle Bundesländer findet sich auf der Seite der Kultusministerkonferenz[1].

Fachspezifische Inhalte lassen sich leicht mit ChatGPT üben. Dazu ist zunächst ein neuer Chat zu beginnen und die KI dann entsprechend zu instruieren. Bei den untenstehenden Formulierungen handelt es sich um Beispiele. Durch Veränderungen – z. B. die Anzahl der Fragen – wird die Künstliche Intelligenz entsprechend anders reagieren. Statt [...] sind die relevanten Auszüge aus dem Lehrplan einzufügen. Hier gilt: **Weniger ist mehr!** Es sollten nicht alle Kompetenzen gleichzeitig eingefügt werden. Dadurch würde die KI oberflächlichere Antworten geben und einige Inhalte nicht berücksichtigen. Es ist sehr zu empfehlen, nur wenige oder, wie in Beispiel 3, im Idealfall nur einzelne Kompetenzen nacheinander abzuarbeiten.

Wichtig ist, sich immer der Grenzen einer KI bewusst zu sein! Rückmeldungen können hilfreich sein, geben aber keinerlei Auskunft über eine Noteneinschätzung. Generierte Antworten, Lernkarten oder Merkhilfen können unvollständig, fehlerhaft oder missverständlich sein. Alle Antworten der KI sollten kritisch überprüft und mit verlässlichem Material aus dem Unterricht abgeglichen werden. Generierte Materialien können unvollständig sein, sodass ggf. prüfungsrelevante Inhalte fehlen!

1. Ein Prüfungsgespräch simulieren

Für meine nächste Prüfung soll ich die folgenden Kompetenzen beherrschen. Meine Prüfung wird in Form eines Prüfungsgesprächs stattfinden. Der Prüfer stellt mir 5 Fragen. Ich möchte, dass du die Rolle meines Prüfers einnimmst. Stelle mir nacheinander jeweils eine Frage. Die Antwort gebe ich. Nach meiner Antwort gibst du mir eine knappe Rückmeldung, was bereits gut an meiner Antwort war und was ich noch verbessern kann. Du beginnst nun mit der ersten Prüfungsfrage. Dies sind die Kompetenzen: [...].

2. Lernkarten generieren

Für meine nächste Prüfung soll ich die folgenden Kompetenzen beherrschen. Generiere 5 Lernkarten mit einem Term (Vorderseite) und einer Definition (Rückseite). Dies sind die Kompetenzen: [...]

Für meine nächste Prüfung soll ich die folgenden Kompetenzen beherrschen. Generiere 5 Lernkarten mit einer offenen Frage (Vorderseite) und einer Antwort (Rückseite). Dies sind die Kompetenzen: [...]

3. Merkhilfen generieren

Für meine nächste Prüfung soll ich lang- und kurzfristige Gründe für das Scheitern der Weimarer Republik sowie deren Zusammenhang mit dem Aufstieg der NSDAP erklären können. Generiere Alliterationen und ein Akronym als Merkhilfe.

Alliterationen

- Vertrag von Versailles verursacht Verzweiflung (Vertrag von Versailles)
- Schwankende Staatsschulden steigern Sorgen (Staatsverschuldung und Wirtschaftskrise)
- Weimarer Wanken wirkt Wählerwanderung (Politische Instabilität und Wählerunzufriedenheit)
- Propaganda pumpt Partei-Popularität (NSDAP-Propaganda und politische Mobilisierung)

Akronym: W.E.I.M.A.R.

Wirtschaftskrise (Wirtschaftliche Instabilität)

- Erniedrigender Vertrag von Versailles (Vertrag von Versailles)
- Inflationäre Katastrophe (Hyperinflation)
- Mangelnde Demokratieerfahrung (Politische Kultur)
- Autoritäre Eliten (Konservative Eliten)
- Radikale Parteien (Kommunisten und Nationalsozialisten)

Diese auf den ersten Blick sehr gelungenen Beispiele zeigen auch, dass sie unvollständig sind und nicht zwischen lang- und kurzfristig unterscheiden!

von ChatGPT 4.0 generierte Beispiel-Antwort zur Veranschaulichung

1 https://www.kmk.org/dokumentation-statistik/rechtsvorschriften-lehrplaene/uebersicht-lehrplaene.html

25. Über ChatGPT

Kompetenzschwerpunkt	Urteilskompetenz (Aussagekraft); Medienkompetenz (Reflexion)
Didaktisch-Methodische Hinweise	Während die übrigen Unterrichtsvorschläge darauf abzielen, ChatGPT von den Lehrpersonen als digitales Medium zur Gestaltung von Unterrichtsmaterialien (Lernen am digitalen Medium als Lernobjekt) oder von den Lernenden als digitales Medium zur Unterstützung (Lernen mit dem digitalen Medium als Lernwerkzeug) bzw. zur Simulation (Lernen im digitalen Medium als Lernumgebung) zu verwenden, orientiert sich dieser Unterrichtsvorschlag vornehmlich am Lernen über das digitale Medium ChatGPT und seiner Bedeutung für Geschichte als Lerninhalt (vgl. zu den vier Modi historischen Lernens mit Medien Bernsen 2012, Kühberger 2019, S. 27f.). Die zentralen Ziele des Arbeitsblatts sind die Förderung von Medienkompetenz, indem Schülerinnen und Schüler lernen, die Chancen und Grenzen von ChatGPT kritisch einzuschätzen, sowie die Sensibilisierung für die ethischen Fragestellungen und Verantwortungsbereiche im Zusammenhang mit der Nutzung von KI-Systemen im Kontext der Geschichtswissenschaft. Die Kopiervorlage ist als Fragekatalog aufgebaut und umfasst einen allgemeinen Einführungsteil, der erstes Grundlagenwissen zum Medium ChatGPT behandelt und zur Erhebung der Lernausgangslage dienen soll. Anhand dieser Fragen kann das Vorwissen der Lerngruppe im Plenum strukturiert gesammelt und ggf. können weitere Informationen durch die Lehrkraft oder die digitalen Zusatzmaterialien ergänzt werden. Die anderen drei Teilbereiche setzen sich mit der Bedeutung von ChatGPT für die universitäre Geschichtswissenschaft, das gesellschaftliche Geschichtsbewusstsein (in diesem Zusammenhang eng verwandt mit der Geschichtskultur) und dem schulischen Geschichtsunterricht auseinander. Diese drei Teilbereiche sollen Gegenstand einer arbeitsteiligen Gruppenarbeit sein, die vorgegebenen Fragen dienen dabei als Ausgangspunkt für einen eigenen Denk- und Rechercheprozess der Lernenden. Die Fragen sind so aufgebaut, dass zunächst denkbare Anwendungsmöglichkeiten von KI im jeweiligen Teilbereich zu bestimmen sind und die Lernenden anschließend daraus sowohl Chancen als auch mögliche Gefahren und Risiken ableiten. Sofern die Möglichkeit besteht, können die Fragen mit Unterstützung von ChatGPT beantwortet werden, sodass die KI nicht nur Lerninhalt, sondern auch Lernwerkzeug und Lernumwelt für eigene Lern- und Denkprozesse sein kann. Ergänzend befindet sich im optional nutzbaren digitalen Zusatzmaterial eine Antwort von ChatGPT 4.0 auf jede einzelne Frage. Bei der Verwendung dieses Materials gilt: Die Inhalte sind kritisch zu hinterfragen und über verlässliche Quellen zu überprüfen. Im Anschluss an die Präsentation der Lernprodukte aus der Gruppenarbeit kann die obige Leitfrage „KI-Kontroverse: Fördert ChatGPT Fortschritt oder Fehlinformation (in der Geschichtswissenschaft)?" diskutiert werden. Abschließend gilt es zu reflektieren, welche historischen Kompetenzen und welche Medienkompetenzen für einen effektiven und verantwortungsbewussten Umgang mit solchen KI-System erforderlich sind. Daraus lassen sich von den Lernenden eigenverantwortlich Lernziele formulieren.
Konstruktionshinweise	Die digitalen Zusatzmaterialien wurden mit den Fragen aus der Kopiervorlage generiert. Es wurden vier einzelne Chats gestartet und die vier Fragen jeweils einzeln nacheinander gestellt.
Prompt	siehe digitales Zusatzmaterial
Schwierigkeitsgrad	Keine explizite Nutzung von ChatGPT erforderlich; bei Befragung 1 (Leicht).
Digitales Zusatzmaterial	Textdokument mit Antworten von ChatGPT auf alle Fragen.

KI-Kontroverse: Fördert ChatGPT Fortschritt oder Fehlinformationen?
Teil 1: Einführung in ChatGPT
1. Was ist ChatGPT? Beschreibe kurz, was du darüber weißt. 2. Wie funktioniert die KI hinter ChatGPT? 3. Welche Mechanismen sind vorhanden, um sicherzustellen, dass ChatGPT nicht für die Verbreitung von Falschinformationen oder zur Manipulation eingesetzt wird? 4. Sprinteraufgabe: Wie kann die Transparenz und Nachvollziehbarkeit der Antworten von ChatGPT erhöht werden, um den Nutzern ein besseres Verständnis dafür zu geben, wie das Modell historische Aussagen generiert und vermittelt?
Teil 2: ChatGPT und die universitäre Geschichtswissenschaft
1. Inwieweit kann ChatGPT dazu beitragen, neue Perspektiven und Interpretationen in der Geschichtswissenschaft zu fördern? 2. Inwiefern könnten KI-Systeme wie ChatGPT die Rolle von Expert*innen in der Geschichtswissenschaft verändern? 3. Wie kann ChatGPT die Kommunikation zwischen Historiker*innen und der Öffentlichkeit verbessern? 4. Wie können Historiker und Historikerinnen sicherstellen, dass ChatGPT nicht zur Verbreitung von Falschinformationen oder Manipulation beiträgt und keine voreingenommenen oder verzerrten Ergebnisse liefert?
Teil 3: ChatGPT und das gesellschaftliche Geschichtsbewusstsein
1. Inwiefern kann ChatGPT dazu beitragen, a) das Interesse an, b) den Zugang zu, c) das Verständnis von historischem Wissen zu fördern? 2. Wie kann die Zuverlässigkeit und Objektivität von ChatGPT bei der Vermittlung von historischem Wissen sichergestellt werden? 3. Wie geht ChatGPT mit Kontroversen und Debatten innerhalb der Geschichtswissenschaft um, und wie vermittelt es diese unterschiedlichen Ansichten an die Anwender*innen? 4. Welche Gefahren bergen KI-Systeme wie ChatGPT für den Umgang mit historischen Ereignissen, Personen und Interpretationen?
Teil 4: ChatGPT und der schulische Geschichtsunterricht
1. Wie kann ChatGPT dazu beitragen, im Geschichtsunterricht historisches Wissen und Zusammenhänge besser zu vermitteln? 2. Wie könnten Lehrpersonen sicherstellen, dass Schülerinnen und Schüler die Informationen von ChatGPT kritisch hinterfragen? 3. Welche Möglichkeiten bietet ChatGPT, um den Geschichtsunterricht zu bereichern oder zu unterstützen? 4. Was sind mögliche Risiken bei der Verwendung von ChatGPT im Geschichtsunterricht, und wie können diese Risiken minimiert werden?
Reflexion
Welche Fähigkeiten und Kompetenzen sollten Schülerinnen und Schüler entwickeln, um KI-Systeme wie ChatGPT verantwortungsbewusst und effektiv in ihrem Lernen zu nutzen?

26. Klausurvorschlag und Erwartungshorizont

Didaktisch-Methodische Hinweise	Über die Zulässigkeit von KI-generierten Texten für Klausuren gibt es bislang noch keine verbindliche Aussage, doch die vorliegende Klausur ist entsprechend des Klausurformates Typ B (Darstellungen) in NRW aufgebaut. Letztendlich ist ein KI-generierter Text eine historische Darstellung (vgl. ergänzend dazu Kapitel 2). Es ist unerlässlich, dass die Lernenden KI-generierte Darstellungen nicht unreflektiert akzeptieren, sondern lernen, auch diese auf die jeweilige Intention, Perspektive, Argumentation und Quellengrundlage hin kritisch zu analysieren, um so eigenständig historische Urteile zu entwickeln. Da der Klausurtext von der KI ChatGPT 4.0 generiert wurde, stellt sich die Frage, wer als Autor zu nennen ist – die KI oder der Nutzer? Beide Informationen, Anwender*in und verwendete KI, sind relevant und sollten benannt werden, zur vollständigen Transparenz auch der Prompt. Die ebenfalls im Rahmen der Analyse zu bestimmende Intention ist jedoch immer auf den Nutzer zurückzuführen. Ohne eine Aufforderung des Nutzers hätte eine KI keine Absicht, einen solchen Text zu schreiben. Daher kann argumentiert werden, dass der Anwendende die treibende Kraft hinter der Texterstellung ist und dementsprechend als Urheber*in oder Autor*in zu bezeichnen ist. Letztendlich ist die KI nur ein Werkzeug des Anwenders. Der Text präsentiert eine kontroverse Position zum Thema der Restitution kolonialer Raubgüter und fordert Lernende dazu auf, sich kritisch mit dieser Perspektive auseinanderzusetzen. Durch die Auswahl eines solchen Textes können Lernende ihre kritischen Analyse- und Urteilsfähigkeiten schulen, ihre eigene Position hinterfragen, finden, begründen und diese Fähigkeiten im Kontext einer aktuellen Debatte anwenden.Es ist zu empfehlen, dass Sie den Schwerpunkt von Nr. 2 individueller auf ihren eigenen Unterricht anpassen.
Konstruktionshinweise und Prompts für die Klausur	„Generiere eine stichpunktartige Liste mit 20 Argumenten gegen die Rückgabe kolonialer Raubgüter. Gliedere nach wirtschaftlichen, kulturellen, politischen und ethischen Argumenten." Aus diesem Prompt wurden geeignete Argumente gefiltert, erneut in das Eingabefeld kopiert und ergänzt mit: „Dies ist eine Stichpunktliste mit Argumenten gegen die Rückgabe kolonialer Raubgüter. Generiere einen zusammenhängenden, argumentativen Sachtext, in dem die Position vertreten wird, dass koloniale Raubgüter nicht zurückgegeben werden sollen. Strukturiere den Text nach wirtschaftlichen, kulturellen, politischen, ethischen Argumenten. Verwende alle Argumente aus der Liste. Verwende keine anderen Argumente." Nach mehreren Versuchen („regenerate response") entstand der Text.
Konstruktionshinweise Erwartungshorizont	Teile eines Erwartungshorizontes lassen sich leicht generieren und entlasten bei der Klausurerstellung. Eine kritische Prüfung der generierten Aussagen ist unerlässlich. Empfehlenswert ist es, mehrere Antworten generieren zu lassen und so, ergänzt durch eigene Aspekte, einen optimalen, individuell auf den eigenen Unterricht angepassten Erwartungshorizont zu erstellen. Die Antworten der KI dienen auch als Indikator für die Qualität der Aufgabenstellung. Die Prompts unten dienen als Anregung für die eigene Erstellung eines Erwartungshorizonts.
Prompt Erwartungshorizont	1. Fasse den nachfolgenden Text vollständig in knappen Stichpunkten zusammen. Verwende für jeden Stichpunkt die Formulierung „Der Autor X". Ersetze X durch ein maximal präzises Sprechaktverb. Der Text: [...] 2. Erläutere in Stichpunkten den relevanten historischen Kontext zum Kolonialismus bzw. Imperialismus. Erläutere in Stichpunkten *[Unterrichtsinhalt]*. 3. Untersuche kritisch die Argumentation des Autors hinsichtlich der Restitution von kolonialen Raubgütern. Antworte stichpunktartig. 4. Nimm zu der im Text vertretenen Position [kritisch] Stellung, indem du sie auf der Grundlage fachlicher Kenntnisse prüfst und nach sorgfältiger Abwägung eine Einschätzung formulierst. Antworte in Stichpunkten.
Schwierigkeitsgrad	3 (Schwer), da eine besonders sorgfältige Prüfung durch Lehrkraft erforderlich ist.
Digitales Zusatzmaterial	Editierbare Version.

copy

Zu Anschauungszwecken im Rahmen der Publikation „ChatGPT im Geschichtsunterricht" (2023) wurde der nachfolgende Sachtext von dem deutschen Historiker O. Held am 30.3.2023 mit der Künstlichen Intelligenz ChatGPT 4.0 generiert.

Deutschland ist in den letzten Jahren zunehmend mit Forderungen konfrontiert worden, koloniale Raubgüter an ehemalige Kolonien zurückzugeben. Die Argumente für eine Rückgabe sind zwar vielfältig, dennoch gibt es gute Gründe, warum Deutschland diese Forderungen ablehnen sollte.

Deutschland sollte koloniale Raubgüter nicht zurückgeben, da dies auf wirtschaftlicher Ebene mit einer Reihe von Risiken verbunden ist. Ein solcher Schritt kann zu erheblichen wirtschaftlichen Verlusten für Museen und Institutionen führen, die diese Güter derzeit besitzen und ausstellen. Eine mögliche Folge dessen ist, dass Museen und Ausstellungen weniger attraktiv für Touristen und Besucher werden, sodass diese weniger Interesse an den kulturellen Angeboten haben. Darüber hinaus kann der Rückgabe-Prozess schwierig und komplex sein und erhebliche wirtschaftliche Ressourcen erfordern.

Auch die kulturelle Dimension darf nicht ignoriert werden: ein weiterer Grund gegen die Rückgabe kolonialer Raubgüter ist die Tatsache, dass diese Objekte mitunter Gegenstand wissenschaftlicher Untersuchungen sind und damit einen wichtigen Beitrag zum Verständnis der Geschichte und Kultur beitragen. Die Rückgabe dieser Objekte würde nicht nur den Verlust wichtiger kultureller Artefakte bedeuten, sondern auch die Arbeit und Forschung von Generationen von Wissenschaftlern und Museen beeinträchtigen. Eine solche Rückgabe kann zu einem Mangel an kultureller Diversität in Deutschland führen.

Auch auf politischer Ebene gibt es wichtige Faktoren, die gegen die Rückgabe von kolonialen Raubgütern sprechen. Viele der betroffenen Länder sind heute politisch instabil oder leiden unter Armut und Korruption. Es besteht die Gefahr, dass diese Länder nicht über die notwendigen Mittel verfügen, um diese Objekte angemessen zu pflegen und zu erhalten. Es ist auch möglich, dass diese Objekte in Zukunft erneut verloren gehen oder beschädigt werden, wenn sie in Länder zurückgegeben werden, die möglicherweise nicht über die Ressourcen und Infrastruktur verfügen, um ihre Sicherheit zu gewährleisten. Scheitert ein einmal inszenierter Rückgabeprozess, so besteht das Risiko, dass dies zu politischen Spannungen mit ehemaligen Kolonien führt. In Deutschland selbst kann eine Rückgabe eine politische Kontroverse provozieren, insbesondere wenn die Rückgabe als Bedrohung für das nationale Erbe und die eigene Identität wahrgenommen werden sollte.

Aus ethischer Perspektive ist festzustellen, dass die Anerkennung der Verantwortung für die Verbrechen, die während der Kolonialzeit begangen wurden, nicht nur durch die Rückgabe von Raubgütern erreicht werden kann, sondern vor allem eine umfassendere Auseinandersetzung mit der Vergangenheit und die Unterstützung der betroffenen Länder bei der Bewältigung der gegenwärtigen Herausforderungen erfordert.

Eine Rückgabe könnte als symbolische Geste betrachtet werden, die die tatsächlichen Bedürfnisse und Herausforderungen der betroffenen Gemeinschaften nicht berücksichtigt. Abschließend ist auch auf das Risiko hinzuweisen, dass eine Rückgabe den Vorwurf provozieren kann, dass dies eine ungerechtfertigte Entschädigung für vergangene Ereignisse darstellt und das heutige Deutschland für die Taten früherer Generationen verurteilt werde.

Angesichts all dieser Herausforderungen und Risiken sollten koloniale Raubgüter nicht zurückgegeben werden. Es ist wichtig, diese Güter zu erhalten und zu schützen, um die Geschichte und Kultur der betroffenen Länder und Gemeinschaften zu bewahren. Stattdessen sollten alternative Wege gefunden werden, um die Beziehungen zwischen Deutschland und seinen ehemaligen Kolonien zu verbessern und sicherzustellen, dass diese Güter angemessen behandelt und ausgestellt werden.

In einigen Fällen gibt es bereits eine Zusammenarbeit zwischen deutschen Museen und ehemaligen Kolonien, um einen angemessenen Umgang mit kolonialen Raubgütern zu gewährleisten. Die Einrichtung von Dauerleihgaben und die Zusammenarbeit bei der Forschung und Restaurierung können eine Möglichkeit sein, um den Austausch und die Zusammenarbeit zwischen verschiedenen Ländern und Kulturen zu fördern und gleichzeitig das Erbe der Vergangenheit zu bewahren. Letztendlich muss jedoch berücksichtigt werden, dass diese Objekte nicht nur eine historische, sondern auch eine kulturelle Bedeutung haben und dass die Rückgabe nicht unbedingt die beste Lösung für alle Beteiligten ist.

(Von O. Held zur Veranschaulichung am 30.3.2023 mit der KI ChatGPT4.0 generiert, entspricht nicht der Position des Nutzers.)

Aufgaben:

1. Analysieren Sie den Text. (26 Punkte)
2. Erläutern Sie den relevanten historischen Kontext zum Kolonialismus bzw. Imperialismus (16 Punkte) und untersuchen Sie kritisch die Argumentation des Textes hinsichtlich der Restitution von kolonialen Raubgütern. (12 Punkte)
3. Nehmen Sie zu der im Text vertretenen Position Stellung. (26 Punkte)

Literatur

Das Literaturverzeichnis bezieht sich ausschließlich auf die für den didaktischen Kommentar verwendete Literatur. Entsprechende Verweise für die in den Praxismaterialien verwendeten Titel finden sich jeweils auf den Kopiervorlagen.

Adamski, Peter: Binnendifferenzierung im Geschichtsunterricht. Aufgaben, Materialien, Lernwege. Klett-Kallmeyer/Friedrich, Seelze 2017.

Behrndt, Karsten; Kehr, Reinhard: Positionsquadrat, in: Praxis Geschichte 1/21 (Westermann), S. 50f.

Bernsen, Daniel; König, Alexander; Spahn, Thomas: Medien und historisches Lernen. Eine Verhältnisbestimmung und ein Plädoyer für eine digitale Geschichtsdidaktik, in: Zeitschrift für digitale Geschichtswissenschaft 1, o.S., URL: https://www.researchgate.net/publication/277752933_Medien_und_historisches_Lernen_Eine_Verhaltnisbestimmung_und_ein_Pladoyer_fur_eine_digitale_Geschichtsdidaktik (zuletzt abgerufen am: 5.4.2023).

Brauer, Juliane: Lied und Musik im Geschichtsunterricht. Wochenschau, Frankfurt/M. 2021.

Buchberger, Wolfgang; Eigler, Nikolaus; Kühberger, Christoph: Mit Concept Cartoons historisches Denken anregen. Wochenschau, Frankfurt/M. 2019.Hiernach noch zwei Angaben ergänzen:

Burkhardt, Hannes; Neubert, Anja: Historisches Lernen mit Künstlicher Intelligenz? Überlegungen und Anregungen zum Umgang mit generativen Sprachmodellen wie ChatGPT im Geschichtsunterricht, in: geschichte für heute 1/2024 (Wochenschau) [in der Drucklegung].

Ebinger, Johanna; Kaufmann, Sven: Künstliche Intelligenz im Unterricht. Sprachgesteuerte KI praxisorientiert einsetzen. Cornelsen, Berlin 2023.

Fenn, Monika; Zülsdorf-Kersting, Meik: Historisches Denken, historisches Wissen, historische Kompetenzen, in: Geschichtsdidaktik Praxishandbuch, hg. v. denselben. Cornelsen, Berlin 2023, S. 11–53.

Kühberger, Christoph: Radikal digital?! Herausforderungen und Wege für das historische und politische Lernen, in: Fake und Filter. Historisches und politisches Lernen in Zeiten der Digitalität, hg. v. Sebastian Barsch; Andreas Lutter; Christian Meyer-Heidemann. Wochenschau, Frankfurt/M. 2019, S. 21–34.

Ministerium für Schule und Bildung des Landes Nordrhein-Westfalen: Textgenerierende KI, URL: https://www.schulministerium.nrw/textgenerierende-ki (zuletzt abgerufen am: 5.4.2023).

Pandel, Hans-Jürgen: Geschichte im Theater, in: Handbuch Geschichtskultur im Unterricht, hg. v. Vadim Oswalt; Hans-Jürgen Pandel. Wochenschau, Frankfurt/M. 2021, S. 445–470.

Peters, Jelko: Methodenlexikon für den Geschichtsunterricht. Röhrig Universitätsverlag, St. Ingbert 2016.

Rüsen, Jörn: Historik. Theorie der Geschichtswissenschaft. Böhlau, Köln 2013.Bitte in der nächsten Zeile ergänzen:

Thiede, Dirk: ChatGPT und der Datenschutz – eine aktuelle Einschätzung (März 2023), URL: https://unterrichten.digital/2023/01/23/chatgpt-datenschutz-unterricht-schule/ (zuletzt abgerufen am: 25.10.2023).

Weber, Karl-Christian: Ethisch reflektierter Geschichtsunterricht. Kompetenzorientierte Grundlagen und Beispiele. Vandenhoeck & Ruprecht, Göttingen 2013.

Wegener, Johannes: Mit künstlicher Intelligenz umgehen, in: Geschichte in Wissenschaft und Unterricht 74/2023 H. 7/8, hg. v. P. Burschel; C. Cornelißen, M. Sauer; S. 438–446.